카리스마 제로 선생님의
기적의 논어 대화법

카리스마 제로 선생님의
기적의 논어 대화법

1판 1쇄 펴냄 | 2025년 9월 10일

글　　　| 이정희
발행인 | 김병준·고세규
편　집 | 이지혜·박준영
디자인 | 이소연·김경민
마케팅 | 김유정·신예은·최은규
발행처 | 상상아카데미

등록 | 2010. 3. 11. 제313-2010-77호
주소 | 서울시 마포구 독막로6길 11, 우대빌딩 2, 3층
전화 | 02-6953-8343(편집), 02-6925-4188(영업)
팩스 | 02-6925-4182
전자우편 | main@sangsangaca.com
홈페이지 | http://sangsangaca.com

ⓒ 이정희, 2025

* 이 책은 저작권법에 의해 보호를 받는 저작물이므로
  저자와 출판사의 허락 없이 내용의 일부를 인용하거나 발췌하는 것을 금합니다.
* 책값은 뒤표지에 있습니다.
* 잘못된 책은 구입하신 서점에서 교환해 드립니다.

ISBN　979-11-93379-58-5 (03810)

카리스마 제로 선생님의
기적의 논어 대화법

이정희 지음

상상아카데미

일러두기
1. 도서 제목에는 겹화살괄호(《 》), 도서 안의 편명과 영화·방송·영상 제목에는 홑화살괄호(〈 〉)를 사용하였습니다. 단, '논어'는 예외로 하였습니다.
2. 본문에 나오는 대부분의 한자에 음과 뜻을 별도로 곁들여, 한자에 익숙하지 않은 독자들도 바로 파악할 수 있도록 하였습니다.
3. 본문에 나오는 학생들의 이름은 모두 가명을 사용하였습니다.
4. '부록'에 이 책에서 인용한 논어 구절과 원문을 한 번에 확인할 수 있도록 모아 두었습니다.

머리말

카리스마는 없었지만
공자가 있었습니다

이 책은 난장판 교실 카리스마 제로 교사가, 잔소리 대신 논어 이야기로 아이들을 사로잡은 이야기입니다. '공자 왈', '맹자 왈'로 시작하는 동양 고전은 케케묵은 옛이야기 같습니다. 그런 오래된 이야기가 긴 시간 어른들의 마음속에 묵직하게 자리 잡고 있듯이 아이들의 마음에도 가닿았지요. 그중에서도 가장 고리타분해 보이는 논어 이야기가 아이들의 마음을 활짝 열었습니다.

  처음부터 아이들에게 논어 이야기를 들려준 건 아니었습니다. 첫 담임을 맡았을 때였어요. 얕보이지 않으려고 단호한 말투를 얼마나 연습했던지요. 어울리지 않게 카리스마만 고집해서였을까요? 권위만 내세우는 담임에게 아이들은 마음을 열지 않았어요. 반장마저도 한숨 짓는 지경이 되었으니까요. 매일 잔소리로 시작해서 잔소리로 마무리하는 교실 속엔 냉기만 감돌았습니다. 교실 붕괴였어요. 아침마다 마주하는 교실 문이 무척이나 무겁게 다가왔지요. 이후로는 몇 해나 담임을 맡지 못했습니다. 담임만 아니면 어떤 일도 다 하겠다는 마음으로 담임을 피했거든요.

더 이상 담임직을 피할 수 없을 즈음 찾아온 코로나19는 제게 또 다른 시련을 주었습니다. 담임으로서 아이들과 교실에서 보내야 할 시간이 많아졌던 거지요. '거리 두기'로 운동장에서 뛰어놀지 못하는 아이들을 어떻게든 교실에 붙잡아 두어야 했어요. 그러던 중 교실에 우유가 쏟아진 일이 발생했습니다.

아이들 몇몇이 우유갑으로 축구를 한 모양이에요. 누군지 짐작은 했으나 양심 고백하길 바랐어요. 카리스마라고는 조금도 없는 제게, 아이들을 혼내는 건 두려운 일이었거든요. 혼내도 눈 하나 깜짝하지 않던 첫 담임 시절 기억이 떠올랐어요. 그렇다고 잘못한 일에 훈화하지 않을 수도 없는 노릇이었고요. 순간 그날 아침에 읽은 논어 구절이 떠올랐어요. 저는 '정직'에 관한 논어 속 미생고 이야기를 들려주기 시작했습니다.

"누가 미생고를 정직하다고 하는가? 어떤 사람이 식초를 얻으러 갔을 때 이웃집에서 빌려다 주는 사람인데."(《공야장편》 23장)

자신을 싫어하게 될까 봐 식초를 빌리러 온 사람에게 식초가 없음을 말하지 못한 미생고 이야기예요. 미생고는 결국 남에게 빌려서 식초를 다시 빌려주게 되지요. 세상 사람들은 이런 미생고의 인물됨을 친절하다고 생각할지 몰라도 공자는 달랐어요. 미생고를 정직하지 못한 인물로 보았거든요. 다른 사람의 비위를 맞추느라 스스로에게 정직하지 못했기 때문이에요. 남에게뿐만 아니라 자신에게도 정직해야 함을 일깨워 주는 '정직'이라는 진정한 가치를 말해 주는 구절이지요.

미생고 이야기를 들은 교실은 잠시 숙연해졌어요. 방과 후, 우유갑으로 축구를 한 아이들이 교무실로 찾아왔어요. 미안한 표정으로요. 찌푸리며 화내지 않아서였을까요? 논어라서 그랬던 걸까요?

그렇게 아이들과 시간이 날 때마다, 훈화할 때마다 잔소리 대신 논어 이야기를 했어요. 물론 모든 아이가 주의 깊게 들었던 건 아니었습니다. 하지만 논어 이야기가 아이들에게 스며들고 있다는 확신이 든 일이 있었지요. 어느 날 옆 반 아이가 저에게 그러더라고요.

"선생님 반 아이들이 선생님께 세뇌당하는 거 같대요. 논어 이야기가 자꾸만 생각난대요."

그때 알았습니다. 잔소리 대신 들려준 논어 이야기가 틀린 게 아니었구나. 논어의 지혜가 아이들의 삶에 작은 울림이 되고 있음을 알았어요. 물이 그대로 빠져나가 버리는 듯해도 시루 속 콩나물이 언젠가는 무성하게 자라나듯이요. 카리스마 제로인 저는 그때부터 아이들에게 들려주는 논어 이야기에 자신감이 붙었어요. 그리고 지금까지 아이들에게 잔소리 대신 논어 이야기를 들려주고 있지요.

시험 준비하는 아이의 책상 위 '학이시습지(學而時習之)'라는 논어 구절이 적혀 있었을 땐, 아이들의 삶 속에 논어가 살아있음을 느낄 수 있었어요. 고전의 힘 말이지요. 그해 아이들과의 관계도 아주 좋았어요. 학년 말, 아이들은 저에게 '상상 그 이상'이라는 상도 만들어 주었습니다.

첫 담임 시절의 잔소리와 지금의 논어 이야기 모두 아이들이 잘되기를 바라며 하는 말인데, 하나는 소통을 단절시켜 아이들을 침묵하게 했고, 또 하나는 아이들의 마음에 스며들었습니다. 무엇 때문일까요?

아이들을 바라보는 저의 시선의 차이였어요. 명령어 가득한 잔소리는 아이들을 위에서 아래로 내려다볼 수밖에 없었습니다. 아마도 그래야만 아이들에게 제 말의 힘이 발휘된다고 믿었던 거 같아요. 하지만 논어 이야기는 말 그대로 '이야기'입니다. 서로를 같은 눈높이로 바라보아야 했지요. 할머니가 들려주는 교훈 담긴 전래 동화처럼요. 같은 메시지도 시선을 달리하니 받아들이는 사람의 태도도 달라지더라고요. 눈빛부터 변하더군요. 무엇보다 누구나 인정하는 성인인 공자의 말씀이기에 아이들이 감히 반박할 수 없었던 걸까요?

이 책은 그때부터 시작된 교실 속 아이들과의 논어 이야기를 담았습니다. 어렵게 느끼는 공자의 가르침을 아이들의 학교 상황 속에 풀어서 해석하고, 나아가 부모님을 위한 '부모 처방전'을 제시하여 논어를 활용하는 데 도움이 될 수 있도록 구성하였습니다.

잔소리 대신 논어 이야기를 들려준 교실 속 실제 상황을 통해 논어와 같은 고전의 지혜를 어떻게 아이들에게 활용할 수 있을지 길잡이가 될 수 있도록 노력했어요. 무엇보다 고전이 어떻게 아이들의 삶 속에서 살아 숨 쉬는지 엿보는 기회가 되기를 바라는 마음도 담았습니다.

'해석하기에도 어려운 고전을 어떻게 아이들에게 활용하지?'라는 의문을 가지는 분도 계실 겁니다. 고전은 읽는 이의 삶 속에서 재해석되어야 그 가치가 있습니다. 읽는 이의 경험과 어우러져 재해석될 때 빛을 발하는 거지요. 대학 시절, 논어를 처음 접하고 제 삶을 통해 논어가 드러나야 제대로 읽는 거라고 믿었던 것 같아요. 이 책을 다 읽고 덮었을 때 나만의 논어 이야기가 탄생하기를 바랍니다.

2025년 가을 앞에서

이정희

차례

머리말 카리스마는 없었지만, 공자가 있었습니다

**1장
인성편** 논어 대화,
아이의 인생을 바꾼다

우애 동생이 없으면 좋겠어요 17

자존감 너희 집 몇 평 살아? 21

절제 10분만 더 게임하면 안 돼요? 25

목표 꿈이 꼭 있어야 하나요? 31

정직 친구가 미워할까 봐 거짓말했어요 36

말 툭하면 짜증 내고 거친 말을 해요 41

반성 왜 나한테만 뭐라고 해요? 48

게으름 아침마다 전쟁이에요 53

봉사 심부름하면 얼마 주실 거예요 59

잘못 친구의 물건을 훔쳤어요 64

효도 넘어지는 것도 불효라고 69

2장 학습편

논어 읽은 아이는 공부도 잘한다

몰입① 환경 책상 위가 지저분해 77

몰입② 흥미 미쳐야 미친다 82

몰입③ 반복·연습 책만 보면 잠이 와요 87

생각 저만 점수가 안 나와요 92

동기·목적 책을 많이 읽어도 소용이 없어요 98

질문 물어보기가 부끄러워요 103

**3장
성장편**

슬기로운 학교생활,
논어에서 지혜를 얻다

정리 사물함이 엉망진창이에요   111

노력 머리는 좋은데 노력을 안 해요   118

과정 백 점 맞고 싶어서 부정행위를 했어요   123

우정 친구를 사귀고 싶어요   129

내면 생얼로 못 다니겠어요   134

부담감 학교만 오면 배가 아파요   139

험담 친구들이 쟤랑 놀지 말래요   145

배려 계단으로 다니기 싫어요   150

약속 괜찮아요. 지각해도 안 혼나요   156

용기 학교 폭력 멈춰   161

경쟁 옆 반과 축구 시합을 했어요   166

창의성 옛것은 왜 배워요?   171

정의 나도 모르게 친구 물건을 들고 갔어요   176

4장 도약편
우리 아이 품격, 논어로 완성하다

관계 사람의 마음을 얻는 치트키 183

나눔 도와줄수록 성적이 오른다고? 187

인정 SNS '좋아요'에 집착하지 않으려면 192

험담 남의 일을 함부로 말하면 큰코다친다 197

리더 반장 그만둘래요 202

열정 최고가 되고 싶어요 207

결단 생각도 다이어트가 필요해 212

의리 어려울 때 곁에 있는 친구가 진짜다 217

양심 보이지 않을 때 비로소 진짜가 보인다 222

배움 배움은 실천으로 완성된다 226

학문 꿈과 관련 없는 교과를 왜 배워요? 231

부록 이 책에 인용한 논어와 원문 모음 235

1장 __ 인성편

논어 대화, 아이의 인생을 바꾼다

질문한 사람은 돌아가서 공자를 지적했단다.
그때 공자는 어떤 반응을 보였을까?
명색이 공자인데, 화를 내셨을까?
아니. 전혀. '다행이다. 행복하다'라고 하셨어.
자신의 잘못을 지적해 주는 사람이 있다는 것을
다행이라고 생각하신 거야.
잘못을 깨닫고 고칠 기회를 얻는 거니까.

우애

동생이 없으면 좋겠어요

효도와 우애는 인(仁)을 실천하는 근본이다
-〈학이편〉 2장

아침 등교 시간을 훌쩍 넘겨 승현이가 교실로 뛰어들어 옵니다. 얼굴이 땀으로 흠뻑 젖은 걸 보니 한참 동안 뛰었나 봐요.
"제 동생 승훈이 때문이에요. 오늘 부모님께서 일이 있으셔서 제가 승훈이를 챙겨서 같이 등교하기로 했는데, 밥도 느릿느릿 먹고, 장난감을 가지고 놀면서 계속 꾸물거렸어요. 승훈이가 없으면 좋겠어요."
동생을 챙기느라 늦은 승현이는 한참이나 동생을 원망하며 불평을 쏟아 냅니다. 그렇게 일주일쯤 지났을까요? 승현이가 다급하게 교실로 뛰어들어 와 저를 잡아끕니다.

"선생님, 승훈이가 친구들이랑 싸울 것 같아요. 나쁜 아이들한테 둘러싸여 있어요. 얼른 말려 주세요."

동생 승훈이가 공놀이를 하다가 시비가 붙은 모양이에요. 눈물까지 그렁그렁한 걸 보니, 동생을 걱정하는 마음이 고스란히 전해집니다. 며칠 전만 해도 동생이 없으면 좋겠다고 말하던 승현이가, 동생이 다칠까 봐 눈물을 흘리고 있습니다. 동생이 얼마나 소중한 존재인지 깨달은 것이지요.

아이들에게 '우애'를 주제로 논어 이야기를 들려주었어요.

"삼 남매 중 맏이인 선생님도 어린 시절, 때로는 동생이 없었으면 좋겠다는 생각을 할 때가 있었단다. 내 물건을 마음대로 만지고, 나를 방해하는 것만 같았거든.

그런데 언젠가 새끼발가락을 다친 적이 있어. 새끼발가락쯤이야 다쳐도 괜찮은 줄 알았지. 너무 작아서 쓸모가 없어 보였거든. 그런데 새끼발가락에 힘을 못 쓰니 앉고 일어서는 것조차 힘들었어. 걷는 건 전혀 할 수 없었지. 처음부터 있어서 소중함을 몰랐던 거야. 다친 뒤에 비로소 존재를 깨달았지. 가족도 마찬가지야. 늘 내 옆에 있으니 소중함을 깨닫기 쉽지 않단다.

군자는 근본에 힘쓰는 것이니, 근본이 확립되면 '인(仁)'의 도리가 생겨난다. 효도와 우애는 인을 실천하는 근본이니라.

-〈학이편〉 2장

논어에서 공자는 '인'을 가장 강조하셨어. '仁(인)'의 글자 모양을 볼까? '사람 인(人)'과 '두 이(二)'로 이루어져 있지? 두 사람이 서로 의지하며 친하게 지내는 뜻으로 보기도 한단다. 사람 사이의 관계가 친밀하려면 상대를 배려하는 어질고 사랑하는 마음이 있어야 해. 그래서 인은 '사랑의 마음'이라고 생각하면 쉽단다. 공자는 다른 무엇보다도 사랑하는 마음인 인의 실천을 강조하셨어.

그렇다면 인을 실천하려면 어떻게 해야 할까?

아주 거창하고 어려운 방법일 것 같지만 너희들이 충분히 실천할 수 있어. 효도와 우애를 인을 실천하는 근본으로 보셨거든. 부모님과 형제, 자매를 사랑하는 마음을 가장 중요하게 생각하셨어. 아주 쉽지만 또 어려운 것이 효도와 우애란다. 선생님의 새끼발가락 이야기처럼 늘 옆에 있어서 소중함을 잊기 쉽거든.

공자가 말하는 훌륭한 사람이 되는 첫 번째는 수학도 영어도 아니고, 부모님과 형제, 자매를 사랑하는 것에서 출발한다는 것을 꼭 기억하렴. 공자의 위대한 사상 '인'은 바로 사랑이니까."

부모 처방전

우애의 비결

《시경》에 이런 구절이 있습니다.
"형제가 담장 안에서는 서로 싸우더라도 밖에서 모욕이나 공격을 받으면 싸우던 형제들도 힘을 합쳐 공격을 막아 낸다."

서로 원수라며 싸우던 형제도 밖에서는 그저 편이 되어 주지요. 우애를 모르는 아이는 없습니다. 아이들은 이미 알고 있어요. 단지 형제가 얼마나 소중한지 깨닫지 못하는 것뿐이에요. 우애는 가르침보다는 스스로 깨닫게 하는 것이 중요하지요.

우리 반에 자신의 가장 소중한 존재로 동생을 꼽은 아이가 있습니다. 한 살 터울 동생과 함께 학교에 다니는데, 아이들 사이에서도 우애 좋기로 소문난 형제였어요.

어느 날 아이와 상담을 하다가 우애의 비결을 알 수 있었지요. 바로 '책 대화'였어요. 매일 저녁 8시면 온 가족이 식탁에 둘러앉아 책을 읽으며 대화를 나누고 있었어요. 특히 우애를 다룬 작품을 읽으며, 형제란 존재가 얼마나 소중한지 자연스럽게 느끼게 되었던 것이지요. 아이들에게 잔소리하는 대신 책을 함께 읽으며 형제애를 깨달을 수 있도록 도와주는 건 어떨까요?

자존감

너희 집 몇 평 살아?

평범한 한 사람의 뜻을 빼앗을 수 없다
-〈자한편〉 25장

"너희 집은 몇 평이야?"

어제 현진이 생일 파티에 다녀온 아이들이 나영이에게 집 크기를 묻습니다. 나영이는 대답을 얼버무립니다. 혹시 현진이네 집보다 작아서일까요? 집이 작은 게 잘못도 아닌데, 왜 당당하게 말하지 못했을까요?

"비싼 핸드폰 받고 싶어요. 비싼 거 쓰면 있어 보이잖아요."
"저도요! 비싼 거 갖고 있으면 친구들이 부러워하니까요."
"비싸고 좋은 거 쓰면 왠지 어깨에 힘이 들어가요."

어린이날을 앞두고 아이들과 받고 싶은 선물 이야기를 나누었습니다. 아이들은 '비싸고 좋은 물건'을 받고 싶어 했어요. 그런데 선물을 받고 싶은 이유가 놀라웠습니다. 대부분 '나'가 아닌 '남'에게 보이기 위해서였거든요. 선물 그 자체로 기쁨을 느끼는 게 아니라, 남에게 자랑하는 기쁨을 더 중요하게 여기고 있었습니다. 아이들이 비싸고 좋은 걸 원하는 이유는 남의 시선 때문이었던 거예요.

아파트 평수와 자기가 가진 핸드폰 가격에 따라 자존감이 결정되는 아이들에게는 어떤 가치가 빠져 있는 걸까요?

논어의 지혜를 얘기해 줍니다.

"세상에서 가장 좋은 핸드폰이 무엇일까? 내 마음에 드는 핸드폰이야. 아무리 값비싼 핸드폰이라도 내 마음에 들지 않으면 가장 싼 것만도 못할 거야. 아무리 값싸더라도 내 마음에서 최고면 가장 좋은 것이야. 좋은 물건은 가격에 있지 않단다. 내 마음에 달려 있어.

무엇보다 값이 비싸든 싸든 물건은 언젠가 사라지는 법이야. 잃어버릴 수도 있고 망가지기도 할 테니까. 하지만 내 마음은 어떨까? 스스로 포기하지 않은 이상 한 번 먹은 마음은 누구도 빼앗을 수 없단다. 절대 사라지지 않아. 논어 구절에서도 알 수 있단다.

대군의 장수를 빼앗을 수는 있어도 평범한 한 사람의 뜻을 빼앗

을 수는 없다.

-〈자한편〉 25장

큰 군대의 장수는 빼앗을 수 있단다. 적들이 쳐들어왔을 때 병사들이 지켜주지 않으면, 장수를 빼앗는 건 시간문제일 거야. 아무리 규모가 큰 군대여도 말이지. 장수가 아무리 목숨을 지키려고 해도 병사들이 지켜 주지 않으면 언제든 빼앗길 수 있단다. 남에게 달려 있기 때문이야.

평범한 한 사람의 뜻은 어떨까. 뜻은 내 마음이니까, 다른 사람이 제아무리 없애려고 해도 빼앗을 수 없어. 뜻은 내가 마음먹기에 달려 있으니까. 남에게 빼앗길까 봐 두려워하는 것보다, 누구도 빼앗을 수 없는 것을 지키는 게 더 가치 있지 않을까?

너희들이 받고 싶은 선물도 마찬가지란다. 남이 인정하는 최고는 언제든 사라지기 쉬워. 지금은 최고라고 생각할 수 있지만 언젠가 그 생각이 바뀌기도 할 테니까. 내가 아무리 남에게 잘 보이려고 노력한들 내 마음대로 되는 건 없단다. 상대의 마음은 상대의 것이니까. 하지만 내가 인정하는 최고는 어떨까? 그 누가 아무리 비난한다고 해도 쉽게 흔들리지 않는단다. 내 마음은 내 것이니까."

부모 처방전

"느그 아버지 뭐하시노."

"느그 아버지 뭐하시노."

영화 〈친구〉 속 명대사입니다. 아버지의 직업이 중요한 사회적 기준이 되던 그때, 가난한 집 자녀는 바로 대답하기 어려운 질문이었지요. 아버지의 직업이 곧 자녀의 명함이었으니까요.

그런데 내가 나를 긍정적으로 바라본다면 아버지 직업이 없다고 해도 대답하기 어려운 질문은 아닐 거예요. 아버지가 직업이 없는 대신 나와 시간을 많이 보낼 수 있어서 좋으니까, 자신 있고 당당하게 말할 수도 있을 거예요.

자존감은 스스로를 긍정적으로 생각할 때 더욱 높아집니다. 나를 긍정적으로 생각하면 남에게 부끄러울 일은 없을 거예요. 아이가 스스로를 긍정적인 사람으로 느낄 수 있도록 자주 안아 주고, 사랑한다고 말해 주세요.

절제

10분만 더 게임하면 안 돼요?

절제하면서 잘못되는 경우는 드물다
-〈이인편〉 23장

"동준이 어제 늦게까지 게임에 접속되어 있었어요."
 아침 출석 시간, 동준이 자리가 비어 있었습니다. 밤늦게까지 게임하느라 못 일어났을 거라며 친구들이 알려 줬어요. 언제부턴가 밤에 무언가를 한다고 짐작하긴 했습니다. 학교에 오면 꾸벅꾸벅 졸기 바빴거든요. 그런데 이 정도로 게임에 빠져 있을 줄은 몰랐습니다. 느지막이 등교한 동준이를 불렀어요.
 "동준이 요즘 자주 늦네. 게임을 자주 한다던데. 어떤 게임이 그렇게 동준이를 못 자게 막는 거야?"

"그냥 해요. 특별히 재밌는 건 없어요."

이상했습니다. 늦은 시각까지 하는 게임이 재미없는 눈치였어요. 그렇다면 무엇이 동준이를 게임 앞으로 끌었던 걸까요? 동준이에게 물었습니다.

"재미도 없는데 매일매일 늦은 시각까지 게임이 가능해?"

"게임 하면 아무 생각이 안 나요. 엄마 잔소리가 안 들리거든요. 잔소리 들으면 마음이 불안해요. 엄마는 매일 공부 안 하면 어른 돼서 할 게 없다고 하셔요. 공부만 하라고 해요. 공부는 끝이 없대요. 끝이 없는데 어떻게 시작을 해요? 평생 공부만 해야 하잖아요. 너무 싫어요. 그렇다고 백수가 되는 것도 싫어요. 아, 모르겠어요. 그냥 생각 안 할래요."

안 그래도 하기 싫은 공부인데, 끝이 없다니. 얼마나 끔찍했을까요? 공부는 해야 하는데 하기는 싫고. 또 미래는 걱정되니까 마음만 불안했던 겁니다. 게임을 하면 공부 생각에서 해방되니까 잠시 불안감에서 벗어날 수는 있었겠지요. 그렇게 공부 시작을 미루며 5분만, 10분만 외치던 게임이 어느덧 새벽까지 이어지게 된 거지요.

왜 그런 경우 있지 않은가요? 공부하기 전 괜히 책상 정리부터 시작할 때요. 공부 시작을 최대한 미루고 싶은 마음 말이에요. 동준이도 끝없는 공부를 시작할 엄두가 나지 않았던 겁니다. 게임으로 미루고 싶었던 거지요. 그러다 보니 게임에 빠져 버린 겁니다.

　동준이에게 논어의 지혜를 전합니다.

　"동준이의 마음은 충분히 이해하지만 하기 싫은 것도 인내하며 할 수 있는 절제도 필요하단다. 게임은 누구나 하고 싶은 거지만 누구든 매일 하지는 않아. 더군다나 절제 없는 게임으로 아침에 지각하고, 수업 시간엔 꾸벅꾸벅 조는 악순환이 반복되고 있어서 선생님은 걱정이란다. 논어에 이런 말이 있어.

절제 있는 생활을 하면서 잘못되는 경우는 드물다.
-〈이인편〉 23장

　공자는 제자들에게 절제 있는 생활로 잘못되는 경우는 드물다고 하셨어. 어쩌면 동준이도 절제하고 싶은데 마음처럼 쉽지 않아서 그럴 수도 있을 거야. 그러면 어떻게 절제 있는 생활을 할 수 있을까? 끝을 정하면 된단다. 사실 동준이에게는 게임도 공부도 끝이 없었어. 공부는 시작할 엄두가 안 났고, 게임은 그만둘 수 없었던 거야. 절제할 수 없었던 거지. 시작과 끝을 분명히 설정하는 것, 그게 바로 동준이가 절제를 실천하는 방법이 될 거야."

　동준이는 스터디 플래너를 쓰기로 했습니다. 공부의 시작과 끝을 기록하기로 했지요. 특별히 동준이 플래너에는 공부뿐만 아니라, 게임 계획도 있었어요. 게임이 하루 계획 안에 있다니 상상만으로도 좋지 않을까요? 좋아하는 게임과 싫어하는 공부를 결합해서 싫어하는 일의 실천을 돕는 것이 이 계획의 핵심이거든요.

"동준이, 네가 먼저 집중할 수 있는 시간을 정하는 거야. 30분이라면 30분 공부 계획을 넣고, 10분 게임 시간을 넣는 거지. 한 시간 공부라면 20분 게임 시간을 넣어도 되고."

처음엔 동준이도 '게임하기'를 계획에 넣는 걸 어색해했습니다. 게임은 나쁜 것으로 생각했기 때문이에요. 그런데 어머니께서도 시간만 잘 지킨다면 괜찮다며 허락해 주셨습니다.

정해진 분량의 공부만 하면 게임을 할 수 있으니 공부하기 싫어도 공부 끝에 찾아오는 게임을 생각하며 꾹 참고 해냈어요. 지금은 어떨까요? 당당하게 게임도 즐기고 어머니께 칭찬도 받고, 무엇보다도 성적이 쑥 올랐습니다.

책을 펴기 싫어할 땐 좋아하는 일과 결합해 보세요. 절제 있는 하루를 도와줄 겁니다.

부모 처방전

시각화의 힘, 공부 타이머와 체크리스트

인내와 절제는 끝이 보일 때 발휘할 수 있는 가치입니다. 희망이 있어야 끝까지 참아 낼 수 있어요. 끝이 없다면 시작할 엄두가 나지 않으니까요.

    자기 조절력이 부족한 아이들에겐 도구를 활용하는 걸 추천합니다. 공부 타이머나 체크리스트 등을 활용하는 거지요. 시각적으로 시간이 줄어드는 타이머를 보며, 공부와 놀이를 한다면 훨씬 더 효과적으로 자신을 절제할 수 있을 겁니다.

    눈으로 확인할 수 있는 절제 도구를 하나 마련해 보세요.

초등 저학년을 위한 아침 습관 예시

구분	활동 내용	오늘 했어요
1	침대 정리를 해요.	☐
2	아침 인사를 나누어요.	☐
3	물 한 컵을 마셔요.	☐
4	책가방을 확인해요.	☐
5	스스로 씻고 옷을 입어요.	☐
6	아침 식사를 하기 전에 책을 한 장 읽어요.	☐

초등 고학년을 위한 학습 플랜 예시

구분	활동 내용	시간	완료
1	가장 좋아하는 과목 공부	30분	☐
2	게임 한 판!(쉬는 시간)	15분	☐
3	어렵지만 중요한 과목 공부	30분	☐
4	게임 한 판!(쉬는 시간)	15분	☐
5	학교 숙제	30분	☐

목표

꿈이 꼭 있어야 하나요?

내가 좋아하는 것을 따르겠다
-〈술이편〉 11장

"선생님, 영어 방과 후 교실 언제부터 시작해요? 저 빨리 영어 공부하고 싶어요."

우리 반 경제 동아리 대표 재헌이입니다. 워런 버핏 같은 세계적인 부자를 꿈꾸고 있어요. 응원하는 기업의 주가가 폭락하자, 이유를 밝히겠다는 겁니다. 영어 공부를 하겠대요. 세계를 알려면 영어 공부는 필수래요. 재헌이의 꿈이 재헌이를 움직이고 있어요.

경주 최 부잣집 이야기를 배우던 날이었습니다. 아낌없이 나눔을 실천한 최 부자에게 큰 감명을 받았나 봅니다.

"저는 돈 많이 모아서 학교도 세울 거예요. 애들아, 계단은 모두 에스컬레이터로 바꿔 줄게. 선생님께는 최첨단 칠판을 설치해 드릴게요."

재헌이의 꿈이 더욱 명확해졌어요. 함께 잘 사는 부자가 되기로 다짐합니다.

"힘들게 번 돈을 왜 남에게 쓰냐? 난 부자 되면 당장 공부 그만두고, 맛집 다니면서 놀 거야."

꾸벅꾸벅 졸던 수현이의 한마디로 교실은 순식간에 얼어붙었습니다. 수현이의 꿈도 부자거든요. 수현이는 공부하기 싫어서 부자가 될 거예요. 수현이의 꿈에는 영어 공부도, 동아리 활동도, 그 어떤 또 다른 목표도 없었습니다. 무작정 돈만 모으면 되니까요. 그래서였을까요? 늘 무기력했습니다. 성적은 바닥이었고요.

수현이는 정말 부자가 꿈일까요? 공부가 싫어서 꾸는 꿈을 진짜 꿈이라고 할 수 있을까요? 진짜 꿈이 아니라면 왜 수현이는 가짜 꿈을 꿈꾸게 된 걸까요?

수현이에게 왜 부자가 되고 싶은지 물었습니다. 그랬더니 하고 싶은 걸 마음껏 할 수 있기 때문이래요. 그렇다면 하고 싶은 그 일을 꿈꾸라고 했어요. 그런데 그건 또 안 된대요. 한참을 머뭇거리다 수현이가 말을 꺼냈습니다.

"저는 게임이 좋아요. 프로 게이머가 되고 싶어요. 근데 엄마가 안 된대요. 취미로만 하라고 하셨어요. 좋아하는 것만 하고 살 수는 없다고요. 나중에 고생만 한대요."

수현이에게 진짜 꿈이 없었던 게 아니었습니다. 어머니 반대에 부딪혔던 거예요. 어머니는 수현이가 행여나 놀고 싶은 마음에 프로 게이머를 꿈꾸는 건 아닌지 걱정되셨던 겁니다. 누구보다도 수현이를 생각하는 분이니까요.

좋아하는 일을 꿈꾸면 안 되는 걸까요? 수현이에게 논어 이야기를 들려주었어요.

"공자도 세상 사람들이 원하는 일이 아닌, 자신이 좋아하는 일을 따르겠다고 하셨어. 당당하게 말이야.

부유함을 구해서 얻을 수 있는 거라면 말채찍을 잡는 천한 일이라도 하겠다. 하지만 구하여도 될 수 없는 거라면 내가 좋아하는 것을 따르겠다.

-〈술이편〉 11장

좋아하는 일을 꿈꾸면 어떤 변화가 생길까? 목표가 생긴단다. 선생님은 교사를 꿈꾸면서 공부라는 목표를 세웠거든. 우리 반 동민이 기억하지? 매일 아침 운동장 세 바퀴씩 돌고 교실로 들어오잖아. 축구 선수라는 꿈이 만들어 낸 동민이만의 목표란다.

꿈은 나를 움직인단다. 좋아하는 일을 꿈꾸면 너의 학교생활은 훨씬 다채롭고 재미있을 거야.

어머니께서는 아마도 네가 놀고 싶은 마음에 프로 게이머를 꿈꾸는 건 아닌지 걱정되셨을 거야. 누구보다 너를 아끼고 생각하는 분이니까. 네 진심을 보여 드리는 건 어떨까? 프로 게이머가 되기 위해 노력하는 모습과 함께 말이야. 분명 지지해 주실 거야. 공부하기 싫어서 꾸는 꿈 말고, 꿈을 이루기 위해 공부하는 수현이가 되면 좋겠어."

부모 처방전

아이의 숨겨진 재능을 찾는
백락의 지혜

학급에 춤을 잘 추는 아이가 있습니다. 유명한 사람이 될 거라며 칭찬했지요. 그런데 아이의 반응에 깜짝 놀랐어요. 자신은 이미 틀렸다고 말하더군요. 공부를 잘하지 못하는 아이였거든요. 공부를 못하면 미래가 없다고 생각했던 거예요.

조선 시대 정조 왕은 사람은 누구나 한 가지 재능이 있다고 믿었어요. 공부도 많은 재능 가운데 하나고요. 꼭 공부가 전부는 아니지요. 아이가 가진 재능을 찾아 주세요. 아무리 좋은 재능이 있어도 발견하지 못하면 사라져 버리지요.

  유명한 '천리마와 백락'의 이야기에서도 알 수 있어요. 하루에 천 리를 달리는 능력을 가진 천리마도 자신을 알아보지 못하는 사람의 손에서는 그냥 보통 말이 되어 버립니다. 천리마는 보통 말보다 곡식을 많이 먹어야 했거든요. 그래야 천 리를 달릴 수 있으니까요. 보통 말과 같이 먹어서는 스스로의 능력을 상실하게 되지요. 하지만 백락은 천리마를 한눈에 알아보고 곡식을 많이 주었다고 합니다. 천리마의 능력을 발견하고 키워 준 거예요.

  천리마가 탄생하려면 선천적인 능력과 그 능력을 알아보는 백락이 있어야 하지요. 아이도 마찬가지입니다. 우리 아이가 가진 재능을 발견하고 키우는 게 중요합니다. 그러기 위해서는 백락과 같은 부모님의 안목이 필요해요.

  축구 경기를 직접 뛰어 봐야 비로소 축구에 재능이 있는지 알 수 있어요. 아이의 잠재력은 다양한 체험과 경험 속에서 발견할 수 있습니다. 아이에게 다양한 체험과 놀이 경험을 제공해 주세요. 그 속에서 아이의 재능을 발견해 보세요. 핸드폰만 바라보느라 아이의 능력을 제대로 보지 못하고 계신 건 아니시지요?

정직

친구가 미워할까 봐
거짓말했어요

누가 미생고를 정직하다고 하는가
-〈공야장편〉 23장

"배가 아파서 밥을 못 먹겠어요."

아침부터 서윤이 표정이 어둡더니, 점심 급식을 안 먹겠다고 합니다. 그러고 보니 늘 붙어 지내던 정민이도 저 멀리 혼자 있네요. 서로 다투기라도 한 걸까요?

방과 후 서윤이를 불러서 무슨 일이 있는지 물었습니다. 한참을 망설이던 서윤이는 결국 울음을 터뜨렸습니다.

"좋아하는 아이돌 오빠가 있어요. 너무 좋은데 싫은 척했어요. 정민이가 그 오빠들 싫어하거든요. 제가 좋아하는 줄 알면 정민이는 저랑 안 놀 거예요. 정민이는 제 '베프'거든요. 그런데 이번 방학에 오빠들 콘서트가 있어요. 가고 싶은데, 정민이한테 말 못 하겠어요. 그러니까 자꾸만 정민이를 피하게 돼요."

우정을 지키려고 자신의 마음을 숨겼던 서윤이. 친구를 실망시키고 싶지 않아서였지만 시간이 갈수록 마음이 힘들어졌습니다. 그런 경험 있지 않나요? 좋아하는 사람에게 잘 보이려고 싫어하는 것도 좋은 척했던 일 말이에요.

서윤이는 정민이가 싫어할까 봐 누군가를 좋아하는 마음을 숨겼던 겁니다. 좋아하는 마음을 싫어하는 척했으니 많이 힘들었을 거예요. 하지만 마음을 속이는 데는 한계가 찾아오는 법이지요. 서윤이는 자신도 모르게 정민이와 거리를 두게 되었습니다. 한편 정민이는 영문도 모른 채 태도가 변한 서윤이에게 섭섭함을 느꼈어요.

우정을 지키려고 마음을 숨긴 서윤이, 그런 서윤이를 오해하는 정민이, 두 아이 모두 안타까웠습니다. 서윤이의 행동은 과연 현명한 행동이었을까요?

"서윤아, 도덕 시간에 '정직'에 대해 배운 거 기억하니? 정직은 다른 사람을 속이지 않는 태도라고 배웠지? 그런데 논어 속 공자는, 다른 사람뿐만 아니라 자기 자신에게도 정직해야 한다고 말씀하셨단다. 논어에 미생고라는 사람의 이야기가 있어.

누가 미생고를 정직하다고 하는가? 어떤 사람이 식초를 얻으러 갔을 때 이웃집에서 빌려다 주는 사람인데.

-〈공야장편〉 23장

미생고는 정직하기로 소문난 사람이었어. 어느 날 어떤 사람이 미생고에게 식초를 빌리러 왔단다. 그런데 미생고의 집에서도 마침 식초가 떨어졌던 거야. 미생고는 없다고 하지 않고, 옆집에서 얻어다 자신의 것인 양 빌려주었어.

친절한 미생고지? 그런데 정직하다는 사람들의 평가와 다르게, 공자는 미생고를 정직하지 못한 사람으로 여기셨단다. 왜 그러셨을까?

스스로에게 정직하지 못했기 때문이야. 미생고는 식초가 없다고 하면 혹여나 자신에게 실망할까 봐 두려웠거든. 다른 사람 비위를 맞추느라 없는 것을 없다고 말하지 못했던 거야. 스스로를 속인 셈이지.

선생님도 의견을 제시하기보다는 따르는 편이었단다. 좋은 태도라고 생각했어. 사람들과 큰 갈등 없이 지내 왔으니까. 하지만 때론 곤란한 상황도 생겼어. 상대가 옳지 않은 행동을 제안할 때야. 잘못된 줄 알면서도 함께 동조한 경험이 몇 번 있단다.

없는 것을 없다고 하지 못하는 것, 아닌 것을 아니라고 말하지 못하는 것 모두 정직하지 못한 태도야. 미생고에 대한 평가만 봐도 알 수 있듯이 공자는 다른 무엇보다 스스로에게 정직하라고 말씀하셨어. 미움받을 용기도 필요한 것처럼."

이런 공자가 서윤이를 보면 뭐라고 말씀하실까요? 아마도 스스로에게 정직하라는 조언하셨을 테지요.

마침내 서윤이는 정민이에게 솔직한 마음을 털어놨습니다. 우정에 금이 갔을까요? 아니에요! 정민이는 오히려 솔직하게 말해 준 서윤이에게 고마워했답니다. 서윤이의 마음을 존중할 만큼 두 아이의 우정은 견고했습니다. 진솔한 마음은 관계를 더 돈독하게 만들었어요.

부모 처방전

엄마를 실망시킬까 봐 아이가 거짓말하지는 않나요?

과제를 통 해 오지 않는 아이가 있었습니다. 단순히 활동지만 작성하면 되는 수행 평가였지요. 긴 설득 끝에 꼭 제출하겠다는 다짐을 받았어요. 그런데 하필 제출 기한인 날, 아이가 아파서 학교에 나오지 못했어요.

아이의 안부도 물을 겸 어머니께 전화를 드렸습니다. 혹시 과제를 못 했으면 신경 쓰지 말고, 학교에서 같이 하면 된다는 말을 전해 달라고 부탁드렸고요. 놀라셨어요. 그동안 학교 과제를 빠뜨려 온 걸 전혀 모르셨습니다. 오히려 학교에서 칭찬받고 있는 줄로 알고 계셨습니다.

아이는 어떤 마음으로 거짓말했던 걸까요? 과제를 제대로 하지 않아 어머니가 실망할까 봐 두려웠던 거예요. 어머니를 기쁘게 해 드리고 싶은 마음이었으니까요.

아이의 어떤 말에 주로 기뻐하고, 때론 야단치시나요? 엄마에게 칭찬받기 위해서가 아닌, 스스로의 성장을 위해서 숙제를 하게 하려면, 어른은 평소 아이에게 어떤 말을 하면 좋을까요?

"언제나 너를 믿고 사랑한단다. 응원한다. 사랑하는 내 딸(아들)아."

말

툭하면 짜증 내고 거친 말을 해요

말은 신중하게 하지 않으면 안 된다
−〈안연편〉 3장

"에이씨."

친구들과의 과격한 장난을 말렸더니 돌아온 말입니다. 우리 반 명진이예요. 무례한 태도를 짚어 주자 단단히 삐쳐 버렸습니다. 사춘기일까요? 툭하면 거친 말을 하는 명진이를 어떻게 지도해야 할지 고민이 깊어 갑니다.

"아싸, 우리 팀이 이겼다!"

"에이씨, 짜증 나. 축하한다."

또 명진이의 거친 말이 들렸습니다. 다투지는 않을까 하는 걱정도 잠시, 명진이는 축하 인사도 건넸습니다. 축하 인사가

'에이씨'라니. 그러고 보니 화가 났을 때도, 아쉬울 때도, 슬플 때도 '에이씨'라는 한마디로 마음을 표현하고 있더군요.

어쩌면 명진이는 감정 표현이 서툰 아이일지도 몰라요. 어린아이 보면 뜻대로 되지 않을 때 울기부터 하잖아요? 잠이 와도, 아파도, 배가 고파도 말 대신 울음으로 의사를 표현하듯이요. 명진이의 '에이씨'도 그런 걸까요?

무례한 태도를 보여 예절 노트를 쓰기로 한 날, 논어 구절을 쓰기 전에 먼저 감정 표현에 대해 함께 이야기를 나눴어요. 특히 부정적인 감정 표현을요. '의심하다, 화나다, 속상하다, 슬프다, 억울하다, 힘들다, 아쉽다'와 같은 말이 있었어요.

"오늘 명진이가 게임에서 졌을 때, 어떤 감정이었는지 한번 찾아볼까?"

"게임에 져서 아쉽고, 또 열심히 했는데 져서 억울한 마음이 들었어요."

"그랬구나. 승부에서 졌을 때 아쉬울 수 있지. 무엇보다 열심히 한 만큼 결과를 거두지 못해서 억울했구나. 아쉬움이나 억울함은 명진이가 다음 경기를 더 잘할 수 있게 하는 원동력이 되어 줄 거야. 다음에는 더 철저히 준비하게 될 테니까. 그런데 이런 아쉬움과 억울함을 '에이씨'로 표현해 버렸네. 그때 친구들 반응은 어땠어?"

"친구들이 저를 노려보고 싫어했어요. 아쉽다는 표현도 하면 안 되나 봐요."

"친구들이 싫어했다면 그건 명진이가 경기 결과를 아쉬워해서가 아니란다. 그 마음은 잘못된 게 아니거든. 경기에 진 사람이라면 누구나 가질 수 있는 당연한 마음이니까. 아마 명진이가 거친 말을 해서 그런 걸 거야. '에이씨'라는 말을 들으면 '나를 비난하는구나, 미워하는구나'라고 생각할 수 있거든."

"아니, 전혀요. 친구가 미워서 그렇게 말한 게 아니었어요. 아쉽고 억울해서 그런 건데…."

"그렇지? 그런데 명진이가 거친 말을 써 버리면 친구들은 자신들을 공격한다고 느낄 수 있단다. 명진이는 전혀 그런 마음이 아닐 텐데 말이지."

"그래서 아까 친구들 표정이 안 좋았던 거예요? 제가 비난한다고 생각했나 봐요. 그런데 저는 정말 그런 마음이 아니었어요. 저는 친구들이랑 노는 게 좋은걸요."

평소에 길게 대화하지 않던 아이가 재잘재잘 말도 잘합니다. 아이가 무심코 내뱉은 '에이씨' 속에 담긴 감정을 읽어 주니 답답함이 풀린 듯합니다. 명진이는 감정 표현이 서툰 아이였지요.

"명진아, 다음부터는 명진이가 화가 나거나 억울한 상황이 생기면 '무엇 때문에 화가 났어요, 무엇 때문에 억울해요'라고 이렇게 정확하게 감정을 차분히 표현하면 된단다. '에이씨'라고 해 버리면 듣는 상대방은 그 말 때문에 무례하고 불쾌하다고 느끼게 되거든. 명진이가 처음 느낀 아쉬움과 억울함은 사라지고, 거친 말만 상대에게 남게 된단다. 끝내는 관계를 망칠 수도 있어.

말은 조심 또 조심하라고 강조해도 모자란 법이란다. 논어에도 말과 관련된 구절이 많아. 그만큼 공자는 말을 경계하셨지.

군자는 한마디의 말로 지혜롭다고 여겨지기도 하고, 한마디의 말로 지혜롭지 않다고 여겨지기도 한다. 말은 신중하게 하지 않으면 안 된다.

-〈안연편〉 3장

말 한마디로 지혜로움을 판단한다니, 말이 얼마나 중요한지 느낌이 오니? 가장 하기 쉬운 게 말이지만 또 가장 어려운 것도 말이란다. 말에는 힘이 있기 때문이지.

명진이 말은 마음과는 달리 친구와의 관계를 어긋나게 해 버렸어. 아쉬워서, 슬퍼서, 억울해서 무심코 내뱉은 '에이씨'가 친구 마음에 상처가 되었던 거야. 친구가 미워서 그런 말을 한 게 아닌데 상대방은 자신을 미워한다고 받아들였지."

명진이는 말을 신중하게 하기로 약속했습니다. '에이씨'라는 표현 대신 그 속에 담긴 감정을 찾기로 했어요. 그래서 감정 일기를 쓰기로 했습니다. '에이씨'라는 말 속에 담긴 감정을 구체적으로 표현하는 연습을 약속했어요.

그날 명진이의 감정 일기입니다.

"게임에 져서 아쉽고, 열심히 했는데 져서 억울한 마음이 들었다."

부모 처방전

마음과 행동, 아이의 어떤 부분에 집중하시나요?

쉬는 시간이면 심심치 않게 들리는 말이 욕입니다. 욕은 싸우거나 화를 낼 때 나오는 표현이라고 생각해 왔지요. 그래서 다투는가 싶어 지켜보면, 아주 친한 친구 사이에 욕을 주고받으며 잘 지내고 있더군요. 감정 표현이 서툰 아이들입니다.

친구와 싸우겠다는 마음으로 한 욕이 아닌데, 욕을 했다고 야단치면 아이는 오히려 반항부터 하더라고요. 아이와의 관계만 악화될 뿐이었어요.

언젠가 체육대회 축구 결승전에서 우리 반이 아쉽게 졌습니다. 승부욕이 강한 아이들은 혼잣말로 거친 말을 하더라고요. 그 순간, 욕을 하는 아이의 마음이 보이기 시작했어요. 무조건 야단치기보다는 마음부터 헤아려야겠다는 것을요. 아이 마음이 진정된 뒤, 욕으로 표현하는 것은 옳지 못한 행동임을 알려 주니 아이가 수긍하였습니다.

축구에서 아쉽게 져서 욕하는 아이에게, 욕한다고 야단부터 치면 아이가 바로 받아들일까요? 행동을 야단치기 전에, 그 행동을 하게 만든 감정을 먼저 헤아려 주세요. 아이들은 "맞아요, 그 감정이었어요" 하며 머쓱하게 말하곤 합니다. 아이의 감정이 조금 누그러졌을 때, 거친 말과 욕은 옳지 못하다는 것을 꼭 알려 주세요. 해서는 안 되는 말이니까요. 지도가 필요한 부분이지요.

아이가 화가 나서 욕할 때도 마찬가지예요. 아이들은 부정적인 감정이 들 때 욕이나 거친 말로 표현해요. 이럴 때도 욕이라는 행동에 집중하기보다 먼저 마음을 바라봐 주세요. 욕한 행동만을 야단친다면, 이미 감정이 격해진 상태이기 때문에 아이는 어른의 말을 받아들이기 쉽지 않아요.

순간적인 감정을 돌아볼 기회를 주세요. 스스로 감정을 알아차리는 것만으로도 마음이 회복되는 경우가 많습니다. 화나는 감정 안에 감춰진 진짜 감정을 찾아 주는 거지요. 이때 어른은 아이가 알아차린 감정에 공감해 주세요. 그러고 나면, 같은 일로 다시 부딪히는 일은 없을 겁니다.

저는 욕을 자주 쓰는 아이에게 감정 일기를 쓰도록 안내합니다. 자신의 감정이 무엇인지 되돌아보고, 그 감정을 표현할 수 있도록 돕고 있어요. 화가 났을 때 그 마음이 무엇이었는지 감정을 찾아보는 기회를 주지요.

아이와 감정 일기를 함께 써 보는 건 어떨까요? 오늘 하루 힘든 일이 있었다면, 그때 내 마음은 어떤 마음이었을까. 화나는 일이 있었다면, 그 마음은 어떤 감정이었을까. 그렇게 구체적으로 표현하는 연습입니다. 내 감정이 어떤 감정인지 제대로 알아차리는 연습은, 화난 마음을 가라앉히는 데도 아주 효과적입니다.

반성

왜 나한테만 뭐라고 해요?

군자는 자신에게서 찾는다
―〈위령공편〉 20장

"왜 저한테만 그러세요? 민호가 공을 가져왔단 말이에요."

정한이가 또 교실에서 공놀이를 했습니다. 벌써 세 번째입니다. 위험하다고 타이른 지 불과 이틀도 지나지 않았어요. 그런데 반성은커녕, 민호가 가져온 공이라며 남 탓하기에만 바쁩니다.

단원 평가를 치르던 날에도, 제게 한참이나 원망을 쏟아냈습니다.

"선생님, 이 부분 중요하다고 말씀 안 하셨잖아요. 너무 어려워요."

여러 번 설명한 부분인데, 정한이는 제대로 듣지 않았던 걸까요? 저 멀리서 승민이가 나를 대변해 줍니다.

"지난 수업 시간에 선생님께서 중요하다고 별 표시하라고 하셨던 부분이야."

승민이의 말에 정한이는 아무 말도 할 수 없었습니다. 정한이가 배우지 않았던 부분이 아니라, 공부하지 않았던 거였거든요.

시험을 망친 속상함에 어디에라도 핑계를 대고 싶었나 봅니다. 공놀이에서도, 단원 평가에서도 정한이는 어떤 태도가 부족한 걸까요? 모든 일에 남 탓인 아이에게 논어의 지혜를 들려줍니다.

"단원 평가를 망쳐서 속상했구나. 평가는 네 공부를 확인하는 과정이란다. 무엇을 틀렸는지 확인하고, 다시 채워 나갈 기회를 갖는 시간이지. 그래야 다음에는 같은 실수를 하지 않으니까. 나를 돌아보는 게 중요하단다. 논어에 이런 말이 있어.

군자는 자신에게서 찾고, 소인은 남에게서 찾는다.
-〈위령공편〉 20장

논어에는 군자와 소인이 등장한단다. 태도가 대비되는 인물이지. 군자는 도덕적으로 훌륭한 사람이야. 소인은 글자에서

'작음[小]'이라고 표현한 걸 보면 훌륭한 사람과는 거리가 멀다는 걸 짐작할 수 있겠지?

　군자와 소인은 태도에서 많은 차이를 보였어. 특히 세상 사람들이 자신을 몰라줄 때, 군자와 소인은 확연히 구분되었단다. 그 이유를 군자는 스스로에게서 찾고, 소인은 남에게서 찾았거든. 군자는 본인 탓, 소인은 남 탓을 한 거지.

　스스로가 부족하다고 믿었던 군자는 자신을 변화시키기 위해 노력을 멈추지 않았어. 그러다 보니 사람들이 점점 그를 알아보기 시작했어. 옛말에 훌륭한 사람은 가만 있으려고 해도 드러난다는 말도 있잖아. 주머니 속의 송곳처럼, 아무리 숨겨두려 해도 뚫고 나와 저절로 드러나는 것처럼 말이야.

　한편, 남에게 잘 보이지 못해서 자신을 몰라준다고 생각한 소인은 어떻게 했을까? 남의 마음을 사려고 온갖 수단과 방법을 동원했어. 뇌물을 주어서라도 마음을 얻으려 했거든. 하지만 옳지 못한 행동은 언젠가 반드시 드러나는 법이야. 소인의 잘못된 모습은 결국 세상 사람들에게 들통이 나서, 우스운 꼴이 되고 말았단다.

　무엇이 군자와 소인을 갈라놓았을까? 바로 '반성하는 태도'야. 군자는 스스로를 돌아보고, 자신을 갈고닦았어. 부족한 점을 채워 나가면서 어제보다 더 나은 자신이 되기 위해 노력했단다. 그의 눈부신 성장은 사람들의 눈에 띌 수밖에 없을 거야.

반면 소인은 반성은커녕 온갖 수단과 방법을 동원하려고 했어. 스스로를 돌아보지 않는데 성장이 따라올까? 이처럼 반성은 나를 성장시키는 아주 중요한 태도란다.

학교에서 반성의 태도가 중요하게 요구되는 것 중 하나가 시험이란다. 그런데 시험을 치고 나면 점수만 확인하고 그냥 끝내 버리는 친구들이 많아. 시험지를 아예 버리는 친구도 있어. 시험은 내가 아는 것과 모르는 것을 확인하고, 다시 채워 나가는 과정이란다. 정한이도 평가 후에 스스로를 돌아보는 반성의 태도를 지닌다면 분명 눈부시게 성장할 거야."

부모 처방전

나를 돌아볼 줄 아는 아이가 성공한다

잘못한 일에 핑계를 대고 원망하는 아이에게 반성하는 태도를 길러 주는 일은 중요합니다. 공자의 제자 중 한 명인 증자는 매일 세 가지를 반성했어요. 매일 세 개의 체크리스트를 만들어 자신을 돌아본 거지요.

첫째, 다른 사람과 함께할 때 진심을 다했는가?
둘째, 친구들과 사귀는 데 신의를 보였는가?
셋째, 배운 것을 제대로 익혔는가?

아이와 함께 매일 자신을 돌아볼 수 있는 체크리스트를 만들어 보세요. '매일 돌아보기 체크리스트'는 습관 형성에도 큰 도움이 될 수 있어요. 또 아이의 체크리스트와 짝을 맞춰 부모님의 체크리스트도 함께 만들어 보세요.

부모와 아이 돌아보기 짝 체크리스트 예시

영역	아이 돌아보기	부모 돌아보기	체크
놀이	책을 꺼내서 놀았는가?	아이가 가진 재능을 발견하는 데 아이와 시간을 보냈는가?	☐
식사	부모님께 감사한 마음으로 먹었는가?	아이가 편안한 마음으로 식사할 수 있는 분위기를 조성했는가?	☐
말	"좋아요. 감사해요. 미안해요. 해 볼게요." 긍정의 말을 했는가?	아이가 좌절하게 하는 말을 하지 않았는가?	☐
과정	시험을 망치고 원인 분석을 했는가?	아이 점수에 따라 기뻐하고 화내지는 않았는가?	☐

게으름

아침마다 전쟁이에요

내가 재여를 더 꾸짖을 것이 있겠는가
-〈공야장편〉 9장

"아침마다 전쟁이에요. 늦게 일어나서는 느릿느릿 옷 입고, 서두를 생각을 안 해요. 깨우지 않으면 종일 잠만 잘 아이예요. 현민이 학교 도착하면 야단 좀 쳐 주세요."

수화기 너머 현민이 어머니의 한숨이 깊었어요. 오늘도 현민이는 지각입니다. 2교시도 절반쯤 흘렀을까요? 머리에 까치집을 한 현민이가 헐레벌떡 뛰어들어 왔습니다.

"아침에 도무지 눈이 안 떠졌어요. 늦어서 죄송합니다."

"별일 없어서 다행이야. 그런데 사과는 나한테 말고, 미래의 너에게 해야 할 것 같은데? 미래를 위한 준비가 두 시간이나 늦어졌으니까. 남은 시간이라도 열심히 보내 보자."
 부끄러웠을까요? 현민이의 붉어진 얼굴을 보니, 당분간은 지각하지 않을 것 같았어요. 그런데 한동안 일찍 등교하나 싶더니 다시 지각하기 시작했습니다. 다른 친구들보다 하루가 두세 시간씩 늦어지는 현민이. 현민이의 게으름, 이대로 괜찮을까요? 어떻게 현민이를 움직일 수 있을까요?
 게으름을 경계한 논어의 지혜를 아이에게 들려줍니다.
 "공자 제자 중에 재여가 있었는데, 하루는 재여가 낮잠을 자고 있었어. 게으른 제자의 모습을 보며 공자가 집 짓는 상황으로 말씀하셨어.

썩은 나무로는 조각할 수 없고, 거름흙으로 쌓은 담장은 흙손질할 수가 없다. 내가 재여를 더 꾸짖을 것이 있겠는가.

-〈공야장편〉 9장

 집을 지을 때 썩은 나무와 거름흙은 아무 쓸모없는 재료거든. 공자는 게으른 사람을 썩은 나무와 거름흙에 비유하셨어. 게으른 사람은 아무 쓸모가 없다고 본 거야.
 무엇보다 게으른 재여를 보며 더는 꾸짖을 게 없다고 하셨어. 꾸짖을 게 없다는 말이 좀 의아하지? 혼나도 모자랄 텐데 오히려 꾸짖을 게 없다니 말이야. 어떤 마음으로 그런 말씀을 하셨을까?"

"말해 봤자 소용없으니까 하신 말씀 아닐까요? 엄마가 자주 하시는 말씀과 같아요. '잔소리해 봤자 입만 아프니 말을 말자'라고요. 엄마가 포기하셨을 때 쓰시거든요. 이 말씀을 하실 때 제일 무서워요. 차라리 잔소리하시는 게 더 나아요."

"맞아. 공자도 게으른 재여를 포기한 것처럼 표현하신 거야. 스승이 제자를 포기한다는 건 가장 큰 꾸짖음인 거지. 더 이상 가르칠 필요가 없다는 뜻이니까. 그만큼 공자는 게으름을 경계하셨어. 게으름은 더 나은 내가 되기 위해 꼭 극복해야 할 습관이야."

그런데 우리 반 지각 대장 현민이는 게으름을 극복했을까요? 어느 날 아침이었습니다. 교실 문을 열고 들어가려는데 깜짝 놀랐지 뭐예요.

"선생님, 안녕하세요?"

"어머, 웬일이니? 현민이가 일찍 왔구나. 기특하다!"

"농구할 생각에 설레서 눈이 저절로 떠지더라고요."

현민이가 먼저 와서 나를 반기는 날이 오다니요. 소속된 농구 동아리의 새벽 운동을 마치고 교실에 앉아 있었던 겁니다. 이번 주가 농구반 아침 운동 주간이었거든요.

게으른 현민이를 움직인 건 현민이가 좋아한 농구였습니다. 좋아하면 계속하고 싶어지잖아요. 어른들도 하고 싶지 않은 일에는 몸이 따라 움직여지지 않는데 아이들은 오죽할까요?

게으름이 고민이라면 아이가 좋아하는 일로 하루를 시작할 수 있도록 해 보는 건 어떨까요? 그 작은 움직임을 통한 성취감은 게으름에서 벗어나는 열쇠가 될 거예요.

부모 처방전

아이의 게으름,
'뽀모도로 기법'과 '역할'로 풀어 보세요

1. 단순 게으름에서 벗어나는 뽀모도로 기법*

그런 경우 있지 않나요? 일하려고 자리에 앉았는데, 잠깐 확인하려던 휴대폰을 보다 보니 어느새 한 시간이나 훌쩍 지나 있는 경우요. 아이들도 마찬가지입니다. 다양한 방해 요인으로 인해 집중하는 것이 쉽지 않지요.

---

* 이 기법의 이름은 창안자인 프란체스코 시릴로(Francesco Cirillo)가 대학생 시절 사용하던 토마토 모양의 타이머에서 유래했습니다. '25분 집중 → 5분 휴식 → 4번 반복 후 긴 휴식'이 핵심인데, 집중 시간 단위를 '뽀모도로'라고 부릅니다. 예를 들어 "나는 오늘 4개의 뽀모도로를 완수했어"라고 하면 약 100분 동안 집중해서 무언가를 했다는 뜻입니다.

아이들의 집중을 위해 교실에서는 뽀모도로 기법을 활용합니다. '뽀모도로'는 이탈리아어로 토마토를 뜻하는데 집중력을 높이기 위해 25분 일하고 5분 쉬는 루틴을 반복하는 방식이에요. 짧은 작업과 휴식을 교대로 반복하는 것이 핵심이지요.

초등학생은 어른보다 집중 시간이 짧기 때문에 20분 또는 15분 집중하고 5분 쉬게 하는 편이에요. 20분 동안은 오로지 한 가지 활동에만 집중해야 하고요. 문제 풀이나 독서 활동에 집중력을 높이는 데 아주 효과적이에요. 습관 형성에도 큰 도움이 됩니다.

게으름을 피우거나 집중력이 약한 아이에게 꼭 한번 활용해 보세요.

2. 이런 게으름은 아이가 보내는 위험 신호예요

"어차피 아무것도 하지 않을 건데, 도대체 왜 학교에 다니는지 모르겠어요."

또 다른 지각 대장, 지민이 이야기입니다. 지민이의 지각은 현민이와 달리 훨씬 더 심각했어요. 단순한 게으름이 아니라, 학교가 싫어서 지각을 하는 거였거든요. 학교에 다니는 이유를 찾지 못해 무기력에 빠진 거예요. 이런 무기력에서 비롯된 게으름은 아이가 보내는 위험 신호입니다.

아이에게는 학교에 가야 하는 이유가 필요합니다. 학교생활에서 의미를 찾는 일이 먼저이지요. 저는 아이가 교실에서 소속감을 느낄 수 있도록 했습니다. 그 방법으로 교실 속 역할을 하나 맡겨 보기로 했어요.

평소 글씨 쓰기를 좋아하는 지민이에게 오늘의 식단과 시간표를 칠판에 써서 알리는 역할을 맡겼어요. 처음에는 한사코 하지 않겠다고 버티던 아이에게 임명장을 주며 공식적으로 역할을 부여했고요. 매일 역할을 잘 수행할 때마다 아이들과 함께 감사 인사도 잊지 않았어요. 그 뒤로 지민이에게 어떤 변화가 생겼을까요?

"선생님, 오늘은 특별히 식단표에 어울리는 그림도 함께 그렸어요."

좋아하는 일과 역할이 연결되면서, 아이 안에 책임감이 자라기 시작한 거예요. 책임감은 하기 싫은 일도 참고 해내는 힘이 되지요. 무엇보다 '공동체에 기여하고 있다'는 마음은 아이에게 소속감과 자존감을 함께 높여 주었어요. 그렇게 지민이는 학교생활에서 의미를 찾게 되었고, 학교에 오는 시간도 점점 빨라졌어요. 칠판 정리, 교실 환기하기, 화분에 물 주기 같은 학급을 위한 작은 행동들이 학교생활에서 자신의 의미를 발견하게 해 주었습니다.

가정에서도 아이가 한없이 게으른가요? 그렇다면 집에서도 아이가 맡을 수 있는 작은 역할을 만들어 주세요. 예를 들어 식사 시간에는 '수저 담당', 청소 시간에는 '환기 담당'처럼요. 작은 책임감은 아이에게 소속감을 만들어 주고, '내가 필요한 존재'라는 자존감을 키워 줄 겁니다.

봉사

심부름하면 얼마 주실 거예요

군자는 의로움에 밝고, 소인은 이익에 밝다
-〈이인편〉 16장

학급 단체 봉사 활동이 있는 날입니다. 봉사 활동이 있는 날이면 아이들은 학교나 지역 마을의 쓰레기를 주우며 봉사 정신을 실천합니다. 오늘 봉사 시간에는 학급 대청소가 예정되어 있습니다. 그런데 여기저기서 아이들의 불만이 쏟아집니다.

"봉사 점수 다 채웠는데, 청소 안 하면 안 돼요?"

"저는 그냥 시간 안 채우고 청소 안 할래요."

아이들은 일정 시간 봉사 활동을 해야 했어요. 봉사 활동을 장려하기 위해 일정한 봉사 시간을 채우도록 마련된 제도이지요. 그런데 이 시간을 다 채운 아이들이 더 이상 봉사하지 않겠다는 겁니다. 아예 시간을 안 받고 봉사 활동을 하지 않겠다는 아이도 있었습니다.

봉사를 장려하기 위해 만든 제도에 봉사 시간만 남고, 정작 봉사 정신은 사라졌습니다. 봉사 활동이 먼저인지, 시간이 먼저인지…. 봉사는 타인에게 도움을 주는 일이기에, 대가를 바라고는 할 수 없는 일입니다. 마음에서 우러나와야 가능한 일이지요. 그런데 아이들의 봉사 활동은 점수를 따라 움직이고 있었습니다.

봉사는 어떤 마음으로 해야 할까요? 아이들에게 논어의 지혜를 들려줍니다.

"오늘 봉사 활동하느라 수고 많았어. 그런데 오늘 너희는 어떤 마음으로 봉사 활동을 했을까? 논어에 이런 말이 있단다.

군자는 의로움에 밝고, 소인은 이익에 밝다.

-〈이인편〉 16장

공자는 군자와 소인을 가르는 기준 중 하나로, '의로움에 따라 움직이느냐, 이로움에 따라 움직이느냐'를 봤단다. 그렇다면 의로움과 이익, 둘의 가장 큰 차이는 뭘까? 의로움은 내 마음에 있는 거야. 행동의 기준이 내 마음이란다. 반면에 이익은 내 바깥에 있어. 남에게서 얻어야 하는 거니까.

논어 구절을 다시 보자. 군자는 의로움에 밝다고 했지. 그러니까 내면의 기준에 따라 움직이는 사람이란다. 반면 소인은 이익에 밝다 했으니까, 바깥의 것을 좇는 사람이겠지.

　만약에 소인처럼 이익만 좇는다면 어떤 일이 벌어질까? 얼마 전 반별 축구 대항전 기억나지? 경기 자체보다 상금에만 집착했던 그때 말이야. 상대 선수를 무조건 밀어 버리자고 작전을 짰지. 결국 어떻게 됐니? 경기가 끝나기도 전에 다친 선수가 생겼고, 양팀 모두 기분만 상한 채 경기를 마쳤잖아. 상품이라는 이익만 좇다 보니, 그걸 얻기 위해 수단과 방법을 가리지 않게 된 거야.

　오늘 봉사 활동도 마찬가지야. 시간만 따지면서 봉사 활동을 한 경우는 어떨까. 봉사의 목적이 시간이라는 나의 바깥에 있지? 이익에 따라 움직이니까 이건 소인의 마음이란다. 내 마음이 아닌 이익에 따라 움직이는 봉사는 진짜 봉사라고 할 수 없단다. 무엇보다 도움을 받는 사람도 편하지 않을 거야.

　군자처럼, 내 마음에서 시작된 봉사를 해야 해. 어려운 사람을 돕고 싶은 마음, 우리 공간을 함께 가꾸고 싶은 마음. 이런 게 진짜 봉사의 출발점이야. 봉사 점수만 생각하며 움직이는 건 결국 소인의 마음이지."

부모 처방전

'물질'을 넘어 '가치'를 가르쳐 주세요

가정에서 아이가 엄마의 심부름을 할 때도 거래가 성사되어야만 이루어지는 경우가 있습니다. 아직 어린아이라면 거스름돈이나 사탕으로도 거래가 가능하지요. 그런데 그런 거래로는 아이가 심부름 과정에서 얻는 것이 결국 물질밖에 없습니다. 아이에게 내면의 울림이 아닌 외적인 이익만 남게 되는 셈이지요.

어른들을 생각해 보면 더 이해하기 쉬울 거예요. 직장을 계속 다니게 하는 힘은 그 일에서 얻는 보람에서도 나옵니다. 월급만 보고 다닌다면 오랜 시간을 버티기 어렵습니다. 힘듦을 견디려면 돈만이 아닌 나를 움직이는 가치가 있어야 하지요.

아이에게도 심부름을 통해 얻을 수 있는 가치를 알려 주세요. 심부름은 한 집안의 구성원으로서 함께한다는 공동체 의식, 그리고 엄마의 일을 돕는다는 봉사 정신을 기를 수 있는 기회가 됩니다.

예를 들어 집안 청소를 할 때는 가족 구성원 모두에게 역할을 나누어 주세요. 아이가 맡은 구역은, 그곳의 주인이 아이 자신이라는 책임감을 갖도록 해 주는 게 좋습니다. 스스로 해내면서 성취감을 느끼게 해 주세요. 아이는 가족의 일원으로서 엄마 아빠를 돕는다는 기쁨을 경험하게 될 거예요. 혹시라도 아이가 제대로 해내지 못한다고 해서 역할을 바꾸거나 대신해 주기보다 어른이 먼저 시범을 보여 주세요. 청소가 끝난 뒤에는 아이의 행동으로 인한 변화와 그에 대한 느낌을 피드백해 주세요.

"혼자 하려니 힘들었는데, 함께하니까 엄마(아빠)가 훨씬 수월했어."

"방을 정리하니까 정말 깔끔해졌네. 들어갈 때마다 기분이 참 좋구나."

이런 말 한마디가 아이에게 큰 동기 부여가 됩니다. 특히 봉사는 상대의 마음을 헤아릴 수 있을 때 가능한 행동이에요. 공감 능력이 요구되지요. 상대방의 입장이 되어 생각하는 연습이 필요합니다. 아이에게 봉사 이론을 설명하기보다는, 역할 놀이를 통해 몸으로 느끼게 해 보는 건 어떨까요? 엄마와 아이가 서로의 역할을 바꿔 보는 활동은 서로의 마음을 이해하는 따뜻한 경험이 되어 줄 거예요.

잘못

친구의 물건을 훔쳤어요

군자의 잘못은 일식이나 월식과 같다
–〈자장편〉 21장

"준민이가 친구 색연필을 가지고 왔어요. 색상이 많고 새것이 더라고요. 순간 탐이 났나 봐요. 부족함 없이 해 주는데, 왜 그 랬는지 모르겠어요. 선생님께 말씀드리고, 화연이에게 사과하 기로 약속했어요. 송구합니다."

준민이 어머니의 목소리가 무겁습니다. 아이가 가방에서 낯 선 색연필을 꺼내는 모습을 보고 깜짝 놀라셨던 거예요. 확인 끝에 짝의 색연필임을 알게 되셨지요. 남의 물건에 손을 댔다 는 사실에 충격을 받고 걱정이 되어 지도를 요청하셨습니다.

그날 오후 준민이가 찾아왔습니다. 쭈뼛쭈뼛 한참을 아무

말 하지 않더니 작은 목소리로 겨우 한마디를 꺼냈어요.

"선생님, 제가 화연이 색연필을 가져갔어요. 색깔이 많아서 부러웠어요. 잠깐 쓰고 돌려줘야지 했는데 가져가 버렸어요. 잘못인 걸 알면서도 그랬어요. 죄송합니다."

준민이는 화연이 색연필이 색깔이 다양해서 부러웠나 봅니다. 자신이 가진 것보다 좋은 물건을 본 순간 갖고 싶은 마음이 앞섰던 거지요. 남의 물건에 손대면 안 된다는 걸 잘 알고 있는데도 말이에요.

아직 어리기에 욕구를 조절하는 일이 쉽지 않았을 테지요. 그렇다고 해서 해도 되는 행동은 아닙니다. 이런 행동은 바로 잡아야 하지요. 잘못된 행동임을 충분히 가르쳐야 해요. 아이에게 논어의 지혜를 들려줍니다.

"준민이가 그림을 예쁘게 색칠하고 싶었구나. 그 마음이 너무 커서 화연이 색연필을 본 순간 잘못된 판단을 했을 거야. 너의 마음을 이해한단다. 하지만 남의 물건을 가져가는 건 옳지 못한 행동이야. 물건에는 어떤 의미가 담겨 있기도 해. 누군가에게 선물 받은 물건일 수도 있고, 몇 날 며칠을 기다렸다가 얻게 된 물건일 수도 있어. 준민이에게도 그런 물건이 있지? 내 물건이 소중하듯이 남의 물건도 소중하단다. 그렇기에 함부로 남의 물건에 손대서는 안 돼. 옳지 못한 행동이야.

무엇보다 준민이가 이렇게 용기 내어 고백해 주어서 선생님은 참 고맙단다. 사람은 누구나 잘못할 수 있어. 하지만 잘못을 인정하고 고치는 건 아무나 할 수 없는 일이거든. 논어에 이런 구절이 있단다.

군자의 잘못은 일식이나 월식과 같다. 잘못을 저지르면 모든 사람의 눈에 띄고, 그 잘못을 고치면 모든 사람이 우러러보게 된다.
-〈자장편〉 21장

해가 가려지는 걸 일식이라고 하고, 달이 가려지는 걸 월식이라고 하지? 일식과 월식은 세상 사람 누구나 볼 수 있어. 우주 쇼라며 텔레비전에 나오기도 하니까.

공자는 군자의 잘못을 일식과 월식에 비유하셨어. 잘못은 세상 사람 누구에게나 보이기 때문이야. 눈에 띄기 쉽다는 거지. 아무리 감추려 해도 드러나게 돼.

그런데 '군자'와 '잘못', 뭔가 어울리지 않는 말 같지 않아? 도덕적으로 훌륭한 군자가 잘못을 하다니 말이야. 그만큼 잘못은 누구나 저지를 수 있다는 거야. 군자의 잘못도 이렇게 눈에 띄는데 소인의 잘못은 말할 것도 없겠지.

공자와 같은 성인도 잘못하신 일이 있으셨어. 공자의 조국인 노나라 왕 중에 소공이 있었어. 소공이 예법에 어긋나는 행동을 했는데, 누군가가 공자에게 '노나라 소공은 예를 압니까?'라고 물었단다. 공자는 안다고 말씀하셨지. 사실 질문한 사람은 소공이 예법에 어긋나는 행동을 한 걸 이미 알고 물었던 거야. 공자를 시험하려고 한 걸까? 어쨌든 노나라는 공자의 조국이기에 감싸고 싶으셨을 거야.

 질문한 사람은 돌아가서 공자를 지적했단다. 그때 공자는 어떤 반응을 보였을까? 명색이 공자인데, 화를 내셨을까? 아니. 전혀. '다행이다. 행복하다'라고 하셨어. 자신의 잘못을 지적해 주는 사람이 있다는 것을 다행이라고 생각하신 거야. 잘못을 깨닫고 고칠 기회를 얻는 거니까.

 공자의 모습은 잘못을 알아차리고 고치는 것이 얼마나 중요한지를 알 수 있게 해. 잘못을 인정하는 일은 전혀 부끄러운 일이 아니란다. 인정하지 않고 숨기는 것만큼 부끄러운 일은 없는 거야.

 사람은 누구나 실수할 수 있단다. 공자와 같은 훌륭한 분도 잘못하기도 하고, 그 잘못을 인정하고 고치는 모습을 보이셨잖아. 잘못을 부끄러워하지 말고 내가 더 성장하는 기회로 삼는 거야.

 그렇다면, 이 구절의 핵심은 무엇일까? 바로 잘못을 고치면 모든 사람이 우러러본다는 것이야. 누구나 우러러본다면 대단한 거지. 그만큼 잘못을 인정하고 고치면 다시 군자가 될 수 있다는 뜻이란다. 준민이가 스스로의 잘못을 인정하고 찾아온 것처럼 말이야. 다시는 남의 물건에 손대지 않기!"

부모 처방전

잘못을 인정하는 용기, 먼저 보여 주세요

잘못을 인정하려면 많은 용기가 필요합니다. 아이에게 용기의 지혜를 기를 수 있도록 도와주세요. 지혜를 가장 먼저 배우는 곳이 바로 가정입니다. 어른도 실수할 수 있어요. 하지만 "그럴 수도 있지"라며 그냥 넘기지 마세요.

잘못을 인정하고, 사과하는 태도를 아이에게 보여 주세요. 아이는 어른의 모습을 보고 배웁니다.

효도

넘어지는 것도 불효라고

부모는 오직 자식이 병들까 봐 걱정한다
-〈위정편〉 6장

수업 시간, 저 멀리 지현이의 비명이 들렸습니다.

"악."

"지현아, 괜찮아?"

"괜찮아요. 손바닥에 준비물을 쓰다가 볼펜에 살짝 찔렸어요. 놀라서 소리 질렀을 뿐이에요."

또 볼펜이었습니다. 지현이가 볼펜에 찔린 건 이번이 처음이 아니었습니다. 지현이 손바닥에는 늘 그날 숙제와 준비물이 빼곡하게 적혀 있었어요. 손을 수첩 삼아 필기하는 겁니다.

"지현아, 수첩이나 공책에 써야지. 손에 쓰면 뾰족한 볼펜

심에 찔릴 수도 있고, 피부에 볼펜 잉크가 스며들 수도 있어서 몸에 좋지 않아."

"괜찮아요. 제 손인데 뭐 어때요? 나중에 씻으면 돼요. 노트 꺼내기 귀찮아요. 손에 쓰면 안 잊고 잘 챙겨 올 수 있고요."

지현이는 아파도 자신이 아픈 건데 무슨 걱정이냐고 합니다. 자신의 신체는 자신의 것이니까 함부로 다뤄도 된다고 생각한 겁니다. 내 몸은 내 것이니까 소중하게 생각하지 않아도 되는 걸까요?

아이에게 논어 이야기를 들려줍니다.

"어느 날 유튜브에서 한 운동선수의 인터뷰를 본 적이 있단다. 그 선수는 경기 중 다쳤을 때 가장 먼저 떠오른 사람이 누구였냐는 질문에 이렇게 대답했어.

'어머니요. 제가 다쳤다는 걸 알면 누구보다 마음 아파하실 분이니까요.'

그 말을 듣고 마음이 뭉클했어. 우리 몸은 단순히 내 것만이 아니거든. 우리가 아프거나 다치면, 부모님 마음도 함께 다치는 거란다. 그래서 옛날 어른들은 이런 말씀도 하셨어. '신체발부 수지부모(身體髮膚 受之父母)'*, 내 몸과 머리카락, 피부는

---

* 身: 몸 신, 體: 몸 체, 髮: 터럭 발, 膚: 살갗 부, 受: 받을 수, 父: 아버지 부, 母: 어머니 모

모두 부모님에게 받은 것이니 소중히 여겨야 한다는 말이지.

하지만 이 말의 뜻은 단지 겉모양을 그대로 잘 간직하라는 게 아니란다. 몸을 아끼고, 건강하게 지키고, 위험한 행동을 삼가는 거야. 그게 바로 부모님께 걱정을 덜 드리는 거고, 가장 근본적이고 현실적인 효도인 셈이야. 내 건강을 잘 지키는 것만큼 큰 효도는 없단다. 논어에도 이런 구절이 있어.

부모는 오직 자식이 병들까 봐 걱정한다.
-〈위정편〉6장

우리 부모님들은 언제나 우리를 걱정하고 계신단다. 행여나 병이 나지는 않을까, 다치지는 않을까. 부모님의 이런 마음을 조금이라도 헤아린다면 스스로 건강을 위해 힘쓰지 않을 수 없을 거야.

효도는 비싼 선물을 사 드리고 맛있는 음식을 드리는 데만 있지 않단다. 부모님께서 걱정하시지 않도록 하는 게 더 중요해.

다음부터는 어머니께서 걱정하시지 않게 네 몸을 잘 챙기는 거다. 함부로 다뤄서는 안 돼."

부모 처방전

공자의 눈높이 교육

논어에는 공자와 제자가 효도에 대해 묻고 답하는 구절이 많습니다. 효도를 묻는 제자의 질문에 공자의 대답은 모두 달랐어요. 질문하는 사람에 맞는 답변을 해 주셨거든요. 그래서 공자의 교육 방식을 눈높이에 맞춘 개별화 교육이라고 해요. 효도를 묻는 답변이 모두 다른 이유입니다.

다음은 논어 속 효 관련 구절들이에요.

1. 자하가 효도에 대해 묻자, 공자께서 말씀하셨다.
   "얼굴빛을 밝게 하는 것이 어렵다."(〈위정편〉 8장)
   효도란 부모를 섬길 때 얼굴빛까지 조심하는 거예요. 물질적 보살핌만이 아니라, 마음을 다스려 부드럽고 따뜻한 태도를 보이는 것이 중요함을 강조한 구절입니다.

2. "부모를 섬길 때, 잘못이 있으면 부드럽게 말씀드리되, 부모가 따르지 않으면 더욱 공경하고 거역하지 말며, 노고를 감내하되 불평하지 않아야 한다."(〈이인편〉 18장)
   효도는 단순한 복종이 아니라, 부모에 대한 공경을 바탕으로 한다는 것을 전하는 구절입니다.

3. "부모가 살아 계실 때는 멀리 떠나지 말아야 하며, 만약 여행을 가야 한다면 꼭 어디로 가는지 알려야 한다."(〈이인편〉 19장)
효도의 실천은 부모를 걱정시키지 않는 것에서 시작됨을 강조한 구절입니다.

4. 공자께서 말씀하셨다.
"부모님의 연세를 잊어서는 안 된다. 한편으로는 오래 사시니 기쁘지만, 한편으로는 점점 연로해지시니 두렵다."(〈이인편〉 21장)
부모의 나이를 기억하며 삶의 유한함을 자각하는 것 또한 효도의 한 방식임을 강조한 구절입니다.

2장 _ 학습편

논어 읽은 아이는 공부도 잘한다

집중을 유도하기에는 자신이 좋아하는 걸로
시작하는 것만큼 좋은 건 없단다. 금방 몰입하게 하거든.
논어 속 공자의 모습만 봐도 알 수 있어.
좋아하면 다른 것이 생각나거나 보이지 않을 정도로
몰입할 수 있는 경지가 찾아온단다.
공자는 순임금의 음악이 얼마나 좋으셨던 걸까?
좋아하는 고기 맛을 잊을 정도라니 말이야.

몰입①
환경

책상 위가 지저분해

**모든 기술자는 작업장에서 열심히 일함으로써
자기 일을 성취한다**
-〈자장편〉 7장

교실 앞, 은빈이가 마술 쇼를 하고 있네요. 수업 시작을 알리는 종이 울렸는데도 멈출 생각이 없어 보입니다. 그러다 박수 소리에 정신을 번쩍 차려요. 얼굴이 새빨개지고요. 그제야 친구들의 시선을 알아차린 거지요. 친구들의 시선을 느끼지 못할 만큼 집중했던 겁니다.

"은빈이, 마술 실력이 많이 늘었구나. 쉬는 시간마다 연습하더니 이젠 전문가 같구나."

"종소리를 못 들었어요. 쉬는 시간에 잠깐 연습하려던 건데 죄송합니다."

2장 | 학습편 77

마술에 집중해 종소리를 듣지 못했던 거예요. 그만큼 마술에 진심인 은빈이가 참 멋져 보였어요.

수업이 시작되고 중반쯤 흘렀을까요. 교과서를 읽는 시간인데, 은빈이 책 쪽수는 계속 제자리입니다. 이리저리 몸을 움직이는 걸 보니 집중하기 힘든가 봐요.

"집중이 안 돼요. 한 줄도 못 읽겠어요. 공부가 세상에서 제일 싫어요. 엄마는 공부 안 하면 행복하게 살 수 없대요. 집중하는 방법이라도 있어요?"

마술할 때와는 너무 다른 모습이에요. 눈이 반쯤 감긴 은빈이를 토닥여 주었습니다.

"선생님은 아까 마술하던 네 모습을 잊을 수가 없단다. 마술 카드에만 몰입하던 모습 말이야. 어떻게 다른 사람 시선도 느끼지 못할 만큼 집중할 수 있었을까. 마술이 즐거웠기 때문이지.

공부도 마찬가지란다. 공부에 즐거움을 느끼면 집중할 수 있어. 마술하던 모습에서 답을 찾아보는 건 어떨까? 어떻게 몰입할 수 있었는지 생각해 보자. 학기 초, '준비된 마술사'라고 자기소개했던 네 모습을 기억한단다. 손에는 늘 마술 카드가 들려 있었지. 언제든 마술을 시작할 수 있도록 말이야.

공부도 마찬가지야. 언제든 시작할 준비가 되어 있어야 해. 은빈이 책상 위를 볼까? 마술 도구뿐이네. 안 그래도 싫은 공부인데, 공부 도구가 없네. 책상 위에 책이 늘 놓여 있으면 어떨까? 한 번쯤 펴 보지 않을까? 준비하는 것만으로도 시작할 수 있게 한단다. 무슨 일이든 시작이 어렵지, 하고 나면 마음이 달라져. 그러니 시작할 수 있는 환경부터 만들어 보자. 논어에 이런 말이 있단다.

모든 기술자는 작업장에서 열심히 일함으로써 자기 일을 성취한다.

-〈자장편〉 7장

논어에서도 기술자는 작업장이라는 환경 속에서 일할 때 자신의 일을 성취할 수 있다고 보았어. 작업장이라고 굳이 표현한 것은 그만큼 환경이 중요하다는 걸 말하고 있단다.

공부 몰입을 위해서 환경부터 만들어 보는 건 어때? 책상 위에서 공부와 관련 없는 물건을 치워 보는 거야. 책상 위에 놓인 책과 노트, 그리고 손에 꼭 쥐고 있는 펜은 공부 몰입으로 들어가는 첫 시작을 도울 거라고 믿어."

부모 처방전

우리 아이는 어떤 공부 환경에 놓여 있나요?

코로나19가 한창 유행하던 때 학교에서는 모든 수업을 온라인으로 진행했어요. 아침 일찍 일어나지 않아도 되니 충분히 잠도 잘 수 있고 무엇보다 왔다 갔다 하는 시간 낭비를 줄이는 장점이 있었습니다. 그런데 시간이 지날수록 화면 속 아이들의 모습에서 장점보단 단점만 보였어요.

수업을 듣다가 조는 아이들이 점점 늘더니, 급기야 연락이 두절되는 아이까지 생겼습니다. 특히 부모님 모두 일터로 가시고, 혼자서 온라인으로 수업하는 아이들은 아침잠을 깨우느라 전화기가 불이 났고요. 스스로의 의지로 컴퓨터 앞에서 오랜 시간 견디는 일이 쉽지 않았던 거지요. 화면에서 아이들이 점점 사라졌어요.

끝내 학교에서는 희망자를 받아 교실에서 온라인 강의를 수강하는 방편을 마련했습니다. 두세 명의 학생에서 시작해 어느덧 절반 정도 되는 아이들이 학교로 나오기 시작했어요. 무엇을 의미할까요? 아이들에겐 누군가가 필요했던 거예요. 언제든 물어볼 수 있는 짝 그리고 선생님이요. 소통 없는 공부가 아이들을 점점 지치게 했던 거지요. 무엇보다도 공부라는 힘든 일을 홀로 외로운 환경에서 묵묵히 싸우며 해내기가 쉽진 않았을 테지요.

요즘 많은 사람들이 거실을 서재화하여, 거실 공부를 많이 실천하고 있어요. 온 가족이 생활하는 거실에서 공부하면 언제든 가족과 소통할 수 있는 장점이 있지요. 온라인 수업보다 교실 수업의 장점처럼요. 거실 공부의 핵심은 '아이와 소통하는 공부 환경 조성'이지요. 공부를 일상으로 가져오는 거예요.

어른도 마찬가지이지 않나요? 그런 경험 없으신가요? 집에서 일하는 것보다 사무실에서 일하는 게 훨씬 업무 효율이 높았던 경험이요. 공부방에 값비싼 가구를 들여놓아도 아이가 스터디 카페나 도서관을 이용하는 그 마음을 한 번쯤 돌아보면 어떨까요?

몰입②
흥미

미쳐야 미친다

공자는 음악을 배우는 석 달 동안 고기 맛도 잊었다
—〈술이편〉 13장

아이들이 점심시간인데도 놀러 나가지 않고 공부를 하고 있습니다. 오후에 수학 단원 평가가 예정되어 있거든요. 그런데 교탁 바로 앞 현정이는 두꺼운 소설책만 읽고 있는 겁니다. 공부를 다 마쳤을까요, 아니면 포기한 걸까요? 수학을 곧잘 하고, 공부에도 욕심이 있는 아이라 제 마음이 초조했습니다. '행여나 망쳐서 속상해하면 어쩌지' 하고 한참을 망설이다 물었습니다.

"현정이 단원 평가 준비는 잘되어 가니?"
"아니요. 소설책 10분만 더 읽고 시작하려고요."

"아, 그래? 아주 재미있는 소설인가 보구나."

"볼 만한데, 추천하고 싶지는 않아요."

"그렇구나. 그런데 단원 평가를 앞두고 소설 보는 거 괜찮아? 마음이 불안하지는 않니?"

"공부하기 전, 소설을 읽지 않으면 공부 시작이 힘들어요. 책상에 앉아서 재미있는 소설을 읽는다고 생각하면 책상에 마구마구 앉고 싶어지거든요. 10분 정도 읽고 나면 마음도 차분해져서 공부에 집중도 잘되고요."

괜한 걱정이었습니다. 공부하기 전 소설 읽기는 공부 집중력을 끌어내기 위한 현정이만의 방법이었던 것입니다. 수학 공부하기 위해 책상에 앉는 것보다 재미있는 소설책 읽으려고 앉는다면 훨씬 더 책상에 앉고 싶은 마음이 들 테니까요.

어른들도 일하기 위해 책상 앞에 앉기까지 많은 시간이 걸리니까요. 그런 경우 있지 않으세요? 막상 책상 앞에 앉으면 아무렇지 않게 시작하는데, 책상에 앉기까지 엄청나게 힘든 경우 말이에요. 현정이는 자신의 그런 부분을 빨리 깨닫고, 좋아하는 것으로 공부 시작을 이끌어 냈던 겁니다.

현정이의 모습을 교훈 삼아 아이들에게 좋아하는 것으로 시작하는 몰입의 기술을 말해 줍니다.

"집중을 유도하기에는 자신이 좋아하는 걸로 시작하는 것만큼 좋은 건 없단다. 금방 몰입하게 하거든. 논어 속 공자의 모습만 봐도 알 수 있어.

공자께서 제나라에서 전설 속 순임금의 음악을 배우시는 석 달 동안 고기 맛도 잊은 채 말씀하셨다.
"음악이 이런 경지에 이를 수 있으리라고는 생각지 못했구나!"
-〈술이편〉 14장

　좋아하면 다른 것이 생각나거나 보이지 않을 정도로 몰입할 수 있는 경지가 찾아온단다. 공자는 순임금의 음악이 얼마나 좋으셨던 걸까? 좋아하는 고기 맛을 잊을 정도라니 말이야. 순임금이 만든 음악은 내용과 꾸밈이 잘 갖추어져 있었다고 해. 순임금의 음악이 실제로 어땠을지 궁금할 정도야.
　이처럼 좋아하는 일을 하는 동안은 좋아하는 음식도 잊을 만큼 몰입하게 해. 공부하려고 겨우 책상에 앉았는데, 집중이 되지 않을 때는 공자가 사랑한 순임금의 음악을 떠올려 봐. 내가 좋아하는 일로 집중을 시작해 보는 거야.
　공부로 예를 들어 볼까? 공부가 너무 하기 싫을 때는 좋아하는 과목의 공부를 먼저 시작하는 거지. 좋아하는 과목으로 집중력을 끌어올린 뒤 싫어하는 과목과 번갈아 가며 공부한다면, 공부 몰입을 오래 유지할 수 있단다.
　공부 시작 전에 좋아하는 소설책으로 몰입을 유도한 친구

현정이의 경우도 마찬가지야. 도무지 책상으로 가기 싫다면, 먼저 내가 좋아하는 책이나 과목부터 시작해 보는 건 어떨까?"

부모 처방전

번갈아 공부하기

아이들은 수업 시간보다 아침 자기주도학습 시간을 유독 힘들어합니다. 겨우 공부할 책을 펼쳐보지만 5분, 10분이 지나면 어느새 몸을 비틀고 급기야 옆 친구와 이야기를 나누거나 꾸벅꾸벅 조는 아이도 생기지요. 왜 그럴까요?

공부가 재미없기 때문입니다. 흥미가 없어서지요. 흥미가 없으니 몰입이 되지 않는 건 당연한 거고요. 아이들이 책상 위에 꺼내 둔 책을 살펴보면 흥미가 없을 수밖에 없어 보여요. 자신이 가장 못하고 어려운 교과의 책을 펼쳐 두고 씨름하고 있거든요. 특히 수학 문제를 가장 많이 풉니다. 개별 수학 과제가 산더미예요. 안 그래도 하기 싫은 공부인데, 힘들고 어려운 교과를 보는 아이들의 마음이 얼마나 괴로울까요? 그렇다고 수학을 하지 않을 수도 없을 테니 말이에요.

저는 공부가 지겹고 힘든 아이들에게 '번갈아 학습법'을 권합니다. '인터리빙 학습법(Interleaving learning)'으로 알려져 있는데, '인터리브(Interleave)'는 '교차로 배치하다'라는 뜻이에요. 말 그대로 여러 과목을 번갈아 공부하는 방식이지요. 교차로 공부를 하면 기억력을 높이는 데도 효과가 있다고 합니다.

저는 아이가 가장 재미있어하고 흥미로워하는 과목부터 먼저 시작하라고 조언합니다. 국어와 사회를 좋아하는 아이라면 먼저 국어 공부를 통해 집중력을 충분히 끌어올린 후 어려워하는 과목인 수학을 교차로 공부하는 거지요. 그리고 다시 좋아하는 과목인 국어나 사회 공부를 통해 공부 집중력을 유지할 수 있도록 하는 방법이에요. 자기주도학습 시간이 총 40분이라면, '국어 15분 – 수학 15분 – 국어 10분' 이렇게 공부 계획을 세워볼 수 있을 거예요. 무엇보다 공부를 마친 후 자신의 공부 과정을 다시 되돌아보고 다음번엔 공부 계획을 좀 더 유연하게 조절할 수 있도록 하는 것이 중요하고요. 자신의 학습 상황을 돌아볼 수 있는 학습 플래너를 쓴다면 더할 나위 없이 좋겠지요.

몰입③

반복·연습

책만 보면 잠이 와요

배우고 때때로 익히면 즐겁지 않은가
−〈학이편〉 1장

민건이 머리가 자꾸만 아래로 떨어집니다. 팔짱 낀 채 공부 시작한 지 10분도 채 되지 않았어요.

"민건이 힘들구나. 어제 늦게 잠들었니?"

"아니요. 일찍 잤어요. 아침까지만 해도 쌩쌩했는데 책만 펼치면 잠이 와요. 저는 공부랑 안 맞나 봐요. 다른 애들은 잘하는데 저만 이래요."

"선생님도 그런 경우 많단다. 아무래도 책 내용이 어렵거나 관심사와 거리가 멀 때 지루하게 느껴지기도 해. 그런데 그럴 때 눈으로만 공부하면 잠이 더 쏟아질 거야. 일부러라도 손으로 쓰거나, 입으로 말하면서 공부해 보렴."

"손으로 쓰면서 공부하면 잠이 안 와요?"

"그럼! 선생님도 학창 시절에 공부하기 싫은 과목이 있었단다. 내용이 너무 어렵고 재미없었거든. 어느 날 교과 선생님께서 배운 내용을 한 번씩 써 오라는 숙제를 내셨어. 너무 하기가 싫었어. 그냥 글씨 연습이나 하자는 마음으로 억지로 숙제를 시작했지. 천천히 예쁘게 베껴 쓰는 것에만 집중했단다.

어떤 일이 일어났을까? 세상에. 시간이 정말 잘 가는 거야. 눈으로 읽을 땐 5분도 길던 공부 시간이 어느새 한 시간이 훌쩍 지나 버린 거야. 글씨 쓰는 게 재미있어서 친구들 숙제까지 다 해 주었단다. 친구 네 명의 숙제를 대신했으니, 같은 내용을 다섯 번 쓴 셈이지. 그것도 아주 정성껏 말이야.

그때 신기한 체험을 했어.

세 번째 베껴 쓸 때쯤이었나. 내용이 눈에 들어오기 시작했어. 지루하고 재미없던 내용이 이해되기 시작하는 거야. 네 번째 쓸 때는 필기 내용을 보지 않아도 기억나는 게 아니겠니? 외워진 거지. 이해하니까 하나둘씩 외워지더라고. 다섯 번째 쓸 때는 어땠을까? 중요한 단어가 머릿속에 떠오르더라. 그렇게 암기가 되니까 그 과목이 재미있게 느껴졌어. 다 틀리던 단원 평가도 백 점을 받았어.

가장 지루했던 과목이 재미있는 과목이 되기까지의 과정에서 가장 중요한 한 가지가 눈에 보이니? 바로 반복이야. 공부에 빠져들기 위해서는 이해할 때까지 반복이 필요하단다. 선생님처럼 모든 내용을 베껴 쓸 필요는 없지만, 공부하면서 핵심이 되는 용어는 반복해서 써 보면 이해하고 기억하는 데 도움이 된단다. 무엇보다 공부에 빠져들기 위해서는 이해될 때까지 반복해서 내용을 읽어 보는 것이 중요해.

졸리거나 집중이 안 될 때, 쓰면서 공부해 보는 건 어때? 여러 번씩 말이야. 논어 첫 번째 구절에 이런 말이 있단다.

배우고 때때로 익히면 즐겁지 않은가?
　　　　　　　　　　　　　　　　-〈학이편〉1장

이 구절을 통해 우리는 '학습'이라는 개념을 이해할 수 있어. '학(學)'은 '배운다'는 뜻을 가진 한자야. 수업 시간에 선생님께 가르침을 받는 과정을 떠올리면 될 것 같아. 배운 내용을 복습하는 것을 '습(習)'이라고 한단다. '習(습)'은 부리가 하얀[白] 아기 새의 날갯짓[羽]을 형상화한 한자야. 아기 새가 날기 위해서는 어미 새에게 배운 날갯짓을 반복해 연습해야 한다는 의미를 담은 글자란다. 배운 것을 연습하고 실천하는 과정을 말해. 그런 의미에서 진정한 학습이 이루어지려면 배우고 복습하는 과정이 필요한 셈이지.

아기 새가 수많은 날갯짓 연습을 통해 드디어 날 수 있게 되면 기분이 어떨까? 기쁘겠지. 새로운 것을 완전히 알아가는 기쁨, 그것이 바로 학문의 즐거움이야. 그래서 공자는 배우고 익히면 즐겁다고 하신 거지.

그런데 친구들의 학습 과정을 보면 배우는 '학'은 있지만 복습과 연습의 과정인 '습'이 빠져 있어. 오늘부터 배운 내용을 반복 복습해서 진정한 학습 과정을 경험해 보는 건 어때? 공부의 즐거움은 덤으로 따라오겠지?"

부모 처방전

반복 학습

언젠가 어떤 변호사님의 책에서 '콩나물 시루 공부법'을 보았습니다. 공부를 통해 지식이 내 것이 되는 과정을 콩나물을 기르는 과정에 비유한 학습법이었어요.

콩나물을 키우려면 콩나물 시루에 물을 계속 부어요. 하지만 부은 물은 그대로 빠져나가 버리고 시간이 지나도 콩나물이 생기지 않지요. 그런데 포기하지 않고 반복해서 물을 주면 어느새 콩나물이 하나씩 둘씩 자라 있어요. 반복해서 꾸준히 물을 준

덕분이고, 콩나물이 자라기를 기다리는 인내심이 만들어 낸 결과입니다.

콩나물 시루에서 콩나물이 자라는 모습을 보며, 학습 방법을 떠올렸지요. 꾸준히 물을 주고 기다리면 언젠가 콩나물이 자라듯, 당장 성과가 드러나지 않더라도 꾸준하게 반복한다면 언젠가 쌓인다는 것을요.

해마다 시험 기간이 되면 아이들에게 콩나물 시루 이야기를 들려주며, 배운 내용을 최소 세 번 이상 반복할 수 있도록 해줍니다. 제가 학창 시절에 노트를 반복해서 베껴 쓰면서 교과서 내용을 이해한 것처럼, 반복 학습은 학습의 이해를 돕고 오래 기억하는 데 도움이 될 겁니다.

에빙하우스[*]의 '망각 곡선'만 보아도 반복 학습이 얼마나 중요한지 알 수 있어요. 망각 곡선에 따르면 학습 내용은 시간이 지남에 따라 빠르게 휘발된다고 하지요. 이를 막기 위해 에빙하우스는 반복 학습을 권합니다. 학습 후 10분, 24시간, 1주일, 1개월 간격으로 반복 학습을 한다면 학습 내용을 오래 기억하는 데 아주 좋다고 합니다.

---

[*] 에빙하우스(Hermann Ebbinghaus, 1850~1909). 독일의 실험 심리학자. 인간의 기억과 망각을 세계 최초로 과학적으로 연구한 인물.

생각

저만 점수가 안 나와요

내가 말한 이치를 충분히 실천했다
-〈위정편〉 9장

수학 단원 평가를 치른 날, 성빈이 표정이 어두워 보입니다. 생각만큼 점수가 나오지 않은 걸까요? 아무리 괜찮다고 위로해도 속상한 마음은 어쩔 수가 없나 봅니다.

"공부해도 안 돼요. 또 50점을 못 넘었어요. 너무 억울해요. 정훈이는 또 만점이래요. 같은 반인데다 같은 학원에 다니는데, 저는 도대체 뭐가 문제일까요? 머리가 나쁜 걸까요?"

절친 정훈이와 종일 함께 공부했는데, 늘 만점을 받는 정훈이의 모습이 성빈이를 더욱 힘 빠지게 했나 봐요. 친구를 질투하는 마음보다는, 같이 노력했는데도 성적이 좋지 못한 상황에 속상했던 거지요. 성빈이에게는 어떤 부분이 부족했던 걸까요?

마지막 수학 시간이 되자 오전 내내 속상했던 성빈이 마음이 조금은 진정된 듯 보였어요. 문제 풀이가 시작된 지 1분도 지나지 않았을 무렵, 성빈이가 손을 번쩍 들었습니다.

"선생님, 문제가 안 풀려요. 가르쳐 주세요. 정훈이 너도 같이 설명 듣자. 끙끙대지 말고."

짝 정훈이도 해결하기 어려운 문제인가 봐요. 성빈이는 문제와 씨름하는 정훈이에게 설명을 함께 듣자며 권했습니다. 그런데 한참을 고민하던 정훈이는 화들짝 놀라면서 손사래를 치며 말하는 거예요.

"아니에요, 선생님. 풀 수 있을 것 같아요. 조금만 더 생각해 볼게요. 잠깐만 기다려 주세요."

"선생님께 물어보면 바로 해결될 일을 왜 그렇게 사서 고생하나?"

답답했던 성빈이는 풀리지 않은 문제로 끝까지 고민하는 정훈이가 이해되지 않았나 봐요. 어려운 문제를 대하는 두 아이의 모습이 사뭇 달랐습니다.

그렇게 5분쯤 지났을까요. 정훈이가 문제를 풀었다며 기뻐했습니다. 이 방법, 저 방법 고민하더니 결국 답을 찾아냈어요. 두 아이 학습 태도의 차이가 느껴지나요? 같은 시간, 같은 공간에서 공부하고 있었지만, 두 아이는 스스로 생각하고 고민하는 시간에서 큰 차이를 보였습니다.

방과 후, 성빈이는 교실에 남아 있었습니다. 수학 학원 숙제를 덜 했다면서요. 그런데 책상 위에는 정답지가 함께 펼쳐져 있었어요. 조금만 안 풀려도 바로 정답부터 확인합니다. 성빈이의 학습 과정에서 빠진 것이 보이시나요? 성빈이의 학습에는 '생각하는 시간'이 거의 없었어요. 모르는 문제와 마주했을 때 곧바로 답을 찾거나 묻기부터 했으니까요. 곰곰이 생각하면 스스로 해결할 수 있는 문제조차도요. 아이에게 논어의 지혜를 들려줍니다.

"성빈이는 모르는 문제가 있으면 어떻게 해결하니?"

"정답지를 보거나, 바로바로 물어보죠. 모르는 건 무조건 물어야 한다고 했어요."

"물론 모르는 게 있을 때 묻고 배워서 아는 태도가 배우는 사람에게는 아주 중요하단다. 공자도 묻는 태도를 중요하게 여기셨어. 하지만 무조건 묻기보다는, 묻기 전에 그 문제를 충분히 고민하고 생각해 보는 과정이 먼저 있어야 한단다. 충분히 생각했는데도 해결되지 않을 때 누군가에게서 얻는 가르침은 훨씬 큰 깨달음을 주거든. 무엇보다 기억에도 오래 남는단다. 배워서 아는 것도 중요하지만, 배운 내용을 곰곰이 생각하는 시간 역시 아주 중요해. 두 번, 세 번 생각하면 실마리가 풀리는 일들이 많거든.

 공자를 따르던 제자가 삼천 명이나 있었다고 하지? 그중에서도 공자가 가장 아꼈던 제자가 있었단다. 안회라는 사람이야. 얼마나 아끼셨냐 하면, 안회가 세상을 떠났을 때 공자는 하늘이 자신을 버렸다고 슬피 울 정도였어.

 공자가 처음부터 안회를 좋아하신 건 아니었어. 어쩌면 바보는 아닐까 하고도 생각하셨대. 논어에 이런 구절이 있거든.

내가 안회와 하루 종일 말을 나누었는데도, 내 말을 반박하지 않아 어리석은 줄 알았다. 그런데 그가 물러간 뒤에 그의 평소 생활을 살펴보니, 역시 내가 말한 이치를 충분히 실천하고 있었다. 그러니 안회는 어리석지 않구나.

-〈위정편〉 9장

 논어 속에는 안회를 두고 '하나를 들으면 열을 안다'고 표현해. 우리가 잘 아는 한자성어 '문일지십(聞一知十)'*이 바로 안회를 나타내는 말이야. 안회는 어떻게 하나를 들으면 열 가지를 알 수 있었을까? 그 비결은 바로 '생각하는 힘'에 있었단다. 안회는 알게 된 하나를 곰곰이 생각하고 또 미루어 짐작하며,

---

* 문(聞): 듣다, 일(一): 하나, 지(知): 알다, 십(十): 열

나머지 열 가지를 이해했어.

너희가 좋아하는 축구로 생각해 볼까? 오늘 체육 시간에 발차기를 배웠다고 해 보자. 발차기를 연구하고 연습하다 보니 어느새 멀리 차는 것도 가능해졌어. 또 계속 발차기를 연습하니 슈팅도 자연스럽게 가능해졌지. 배운 것을 곱씹고 연구하는 시간을 가진 덕분이야.

안회처럼, 배운 것을 묵묵히 생각하는 시간을 가져 보는 건 어떨까? 하나를 배운 뒤 곰곰이 생각하는 과정은, 나머지 열 가지를 알아내는 힘이 될 거야."

부모 처방전

공자가 가장 아낀 제자, 안회를 통해 살펴보는 인물 됨됨이

안회는 배운 것을 그대로 실천하려고 노력했습니다.

"내가 안회와 하루 종일 말을 나누었는데도, 내 말을 반박하지 않아 어리석은 줄 알았다. 그런데 그가 물러간 뒤에 그의 평소 생활을 살펴보니, 역시 내가 말한 이치를 충분히 실천하고 있었다. 그러니 안회는 어리석지 않구나."(〈위정편〉 9장)

수업을 마치고 나면 안회는 공자에게 질문을 하지 않았다고 합니다. 아마 공자는 '쟤는 생각이 없는 건가? 이해는 했을까?' 싶으셨을지도 몰라요. 그런데 일상 속 안회의 모습을 보고 공자는 깜짝 놀랐어요. 자신의 가르침을 그대로 실천하고 있었던 거예요.

논어에서 공자가 가장 강조한 마음은 사랑, 곧 인(仁)이에요. 안회는 이 마음을 제자들 가운데 가장 적극적으로 실천했다고 해요.

"안회는 그 마음이 3개월 동안 인(仁)에서 떠나지 않았으나, 그 나머지 사람들은 하루나 한 달 정도 거기에 이를 뿐이다."(〈옹야편〉 5장)

안타깝게도 안회는 스승인 공자보다 먼저 세상을 떠났습니다. 그때 공자는 하늘이 자신을 버렸다고 슬피 우셨다고 해요.

"안회라는 제자가 배우기 좋아해 노여움을 다른 사람에게 옮기지 않고, 잘못을 두 번 저지르지 않았는데, 불행히도 명이 짧아 죽었다. 지금은 그런 사람이 없다. 배우기를 좋아하는 사람이 있다는 얘기를 들어보지 못했다."(〈옹야편〉 2장)

동기·목적

책을 많이 읽어도 소용이 없어요

오늘날의 학자는 남의 이목 때문에 공부한다
-〈헌문편〉 24장

아이들이 뛰어노는 쉬는 시간, 저 멀리 독서 삼매경에 빠져 있는 현진이가 눈에 띄었습니다. 독서 기록장까지 펼쳐 들고 열심히 기록하는 걸 보니, 책을 엄청 좋아하나 봐요. 아이들은 현진이에게 함께 놀자며 불렀어요. 단체 놀이가 한창이었거든요.

"현진아, 너도 함께 놀자."

책에 푹 빠졌는지 들리지 않나 봐요. 미동도 없는 현진이에게 가서 친구들과 함께 노는 건 어떠냐고 물었습니다.

"저 책 읽어야 해서 바빠요. 열 권 읽어야 스티커 받을 수 있어요. 이제 한 권 남았어요. 스티커로 갖고 싶은 축구화 살 거예요!"

"그렇구나. 아홉 권이나 읽었다니, 대단한걸! 어떤 책을 주로 읽어?"

"소설이요."

"친구들 목소리도 안 들리는 걸 보니 엄청 재미있는 책인가 보구나. 나중에 친구들에게도 소개해 주렴."

"어떤 내용인지는 모르겠어요. 그냥 열 권 읽고 독후감 쓰는 게 목표예요. 책이 재미있다고 생각해 본 적은 없어요."

현진이에게 독서는 숙제처럼 느껴졌어요. 그래서였을까요? 책 내용을 거의 기억하지 못했습니다. 어떤 내용인지 제대로 이해하지 않고 책을 읽는 것 같았지요. 그저 글자만 읽고 넘기는 건 아닐까요?

혹시 그런 경험 있지 않으신가요? 뜻도 모른 채 팝송을 따라 부르던 일 말이에요. 노래를 부르지만 무슨 뜻인지 모르는 경우가 있잖아요. 저도 뜻도 모르고 부를 수 있는 팝송이 몇 곡 있거든요. 현진이에게 책도 그런 걸까요?

현진이의 독서 기록장엔 필독서 목록이 빼곡하게 적혀 있었습니다. 열 권씩 읽을 때마다 스티커를 받을 수 있었거든요. 현진이는 스티커를 받기 위해 무작정 책을 읽고 있었던 거지요. 현진이의 독서 생활, 이대로 괜찮은 걸까요? 아이에게 논어의 지혜를 들려줍니다.

"현진아, 책을 읽을 땐 내용을 생각하며 읽어야 한단다. 그걸 음미한다고 해. 마음속으로 주인공에게 질문해 보는 거야. '왜 그런 행동을 했을까? 왜 그 말을 했을까?' 이렇게 대화하면서 읽는 거지. 그러면 그 책은 현진이 삶 속에서 살아 움직이게 된단다.

살아가다 보면 주인공과 비슷한 상황에 놓일 수도 있을 거야. 그때 그 주인공이 헤쳐 간 지혜를 떠올리며 내 삶의 어려움을 극복해 내는 거지. 스티커를 위해서보다는 너를 위해서 읽어 보는 건 어때? 진정한 공부는 나를 위한 것이거든. 논어에 이런 말도 있단다.

옛날의 학자는 자기 수양을 위해서 공부했는데 오늘날의 학자는 남의 이목 때문에 공부한다.

-〈헌문편〉24장

책은 필독서라서 읽는 게 아니야. 물건을 얻기 위해서도 아니고, 나를 위해서 읽는 거지. 재미를 위해 읽기도 하고, 무언가를 알기 위해서 읽기도 한단다. 그런데 지금처럼 스티커를 위해 독서한다면, 더 이상 스티커를 주지 않을 때 과연 독서를 하고 싶을까? 열심히 독서록을 쓸 수 있을까? 아마 자신 있게 그렇다고 말하기 어려울 거야. 스티커를 얻기 위한 수단이 아닌, 독서 그 자체에서 기쁨을 찾아보자.

이처럼 나를 위해서가 아닌, 무언가의 수단이 되거나 남에게 보이기 위한 공부를 한다면 어떨까? 얻고자 했던 무언가가 사라졌을 때, 그 공부를 계속 이어 나가긴 힘들 거야. 공부는 그 자체에서 재미와 즐거움을 느낄 때 지속할 수 있는 힘이 생긴단다. 그런 과정을 거쳐야 비로소 내 것이 될 수 있는 거야.

공자는 다른 목적을 위한 공부를 경계하셨어. 좀 더 나은 내가 되기 위해 배우라고 하셨어. 내가 잘되기 위해서가 아니라, 몰랐던 것을 알고 좀 더 지혜롭게 살기 위한 배움 말이야."

부모 처방전

얼마나 기다려 주시나요? 아이가 공부에 흥미를 느끼게 하는 한 가지 방법

"또 말하고 싶은 친구 없나요?"

우연히 참관했던 어느 교장 선생님의 수업 내내 가장 많이 들었던 말입니다. 교장 선생님의 반복되는 질문 덕분에 모든 아이가 발표하는 기적도 일어났지요. 무기력한 어느 고등학교 3학년 교실이었거든요. 알고 보니 아이들의 대답을 이끄는 것으로 유명한 분이셨더라고요.

어떻게 모든 아이가 말할 수 있었던 걸까요? 특별한 질문법이 있었던 걸까요? 아니에요. 교장 선생님은 한 마디만 반복하셨어요. "또 말하고 싶은 친구 없어요?"라고요. 우물쭈물하던 아이도, 관심 없던 아이도, 부끄럼 많은 아이도, 무엇보다도 생각하지 않으려는 아이까지도 발표하더라고요.

교장 선생님의 답을 이끄는 비결은 바로 '기다림'이었어요. 생각할 시간을 충분히 주셨던 거지요. 아이들이 말하지 않는 건, 생각이 없어서가 아니었어요. 발표를 위해 생각하는 시간을 충분히 가진 덕분이었을까요? 아이들이 점점 활발하게 참여했습니다. 급기야 발표를 시키지 않아도 자발적으로 말을 하고요. 수업에 흠뻑 빠져 있음을 느끼는 순간이었어요. 스스로 생각하고 깨닫는 과정을 통해서 공부 그 자체에 재미를 느끼게 된 셈이지요.

아이를 얼마나 기다려 주시나요? 기다림은 생각하는 아이로 자라게 할 거예요.

질문

물어보기가 부끄러워요

> 모르는 것을 모른다 하고,
> 아는 것을 안다고 하는 것이 앎이다
> -〈위정편〉 17장

교실에서는 한창 모둠 활동이 진행 중입니다. 그런데 유난히 민준이 모둠이 조용했어요. 수업 시간이 절반쯤 지났을 때, 민준이가 침묵을 깨고 선생님을 불렀습니다.

"활동 설명을 제대로 듣지 못했어요. 여쭤볼 타이밍을 놓쳐 버렸어요."

민준이 말에 모둠원들이 고개를 끄덕였어요. 그런데 수업 시간 절반이 지나도록, 왜 아무도 묻지 않은 걸까요? 다시 설명이 끝나기도 전에 열을 올리며 작성하기 시작하는 걸 보니, 몰라서 하지 않은 건 아니었던 것 같아요. 그렇다면 왜 진작 묻지 않았던 걸까요?

"민준아, 처음 안내 설명할 때 아무도 듣지 못했던 거야?"

"그랬던 것 같아요. 저도 누군가는 듣고 있겠지 싶어서 제대로 듣지 않았어요. 그런데 모두가 제대로 듣지 못했더라고요."

"그랬구나. 그럴 수 있어. 서로 의지하고 돕는 게 모둠 활동이니까. 그런데 왜 아무도 다시 묻지 않았어?"

"다른 모둠 애들은 다 쓰길래, 물어보기가 부끄러웠어요. 애들이 비웃을까 봐 겁났고요."

민준이 모둠은 모른다고 말하기가 부끄러웠던 겁니다. 너무 쉬운 걸 물어보는 건 아닐까, 무시당하지는 않을까 싶었던 거예요. 활동을 마친 후, 논어의 지혜를 들려줍니다.

"얘들아, 논어에 보면 이런 구절이 있어.

모르는 것을 모른다 하고, 아는 것을 안다고 하는 것이 앎이다.
-〈위정편〉 17장

공자 제자 자로가 모르는 것을 아는 척했던 모양이야. 공자가 그때 자로에게, 모르는 것을 모른다고 말하는 게 진짜 앎이라고 말씀하셨어.

아는 것과 모르는 것을 알아차리는 건 공부의 방향과 깊이를 정할 수 있게 해 줘. 모르는 것부터 채워 나가면 되니까. 반대로 아는 것만 반복해서 공부한다면 어떨까? 앞으로 나아가지 못하고 늘 제자리에 머무르게 되겠지. 조금이라도 달라진 나를 만날 기회가 사라지는 거야.

무엇보다 배움은, 모른다는 걸 알게 되는 순간부터 시작된단다. 무언가를 배우고 싶었던 순간을 떠올려 볼까? 아마도 스스로 부족함을 느꼈을 때일 거야. 내가 모른다는 걸 인정할 때, 진짜 공부가 시작되지. '내가 무엇을 알고, 무엇을 모르는지를 아는 것', 이 간단한 깨달음이 공부의 출발점이란다.

모르는 것을 배우는 방법에는 여러 가지가 있어. 어른을 통해 가르침을 받거나, 내가 직접 묻는 방법도 있지. 그중에서 공자는 '질문하는 태도'를 중요하게 말씀하셨단다. '불치하문(不恥下問)'*이라는 말을 들어 본 적 있니? 논어에서 유래된 성어야. '아랫사람에게 묻는 것을 부끄러워하지 않는다'는 뜻이지.

쉽게 말하자면, 모르는 게 있으면 아무리 어린 동생에게라도 부끄러워하지 않고 물어볼 줄 알아야 한다는 거야. 어린 동생에게 묻는 게 부끄럽게 느껴질 수도 있을 거야. 하지만 공자는, 모르면서도 아는 척하는 게 가장 부끄러운 일이라고 하셨어."

---

* 불(不): 아니, 치(恥): 부끄러워하다, 하(下): 아래, 문(問): 묻다

부모 처방전

질문의 힘

1. 질문하는 습관은 아이를 변화시켜요

종종 수업이 끝나고 아이들에게 질문할 때면 아이들은 고개를 푹 숙입니다. 수업 내내 고개를 끄덕이던 아이를 지목해서 물어보아도 상황은 크게 다르지 않습니다.

그런 경험을 몇 번 하고선 저는 수업이 끝나고 아이들에게 질문 노트를 작성하게 합니다. 내가 모르는 부분을 찾는 연습을 하지요. 질문 노트를 보며 아이들이 어려워하는 부분을 다시 설명하는 시간을 가져요.

질문하는 습관은 아이가 모르는 걸 끄집어낼 수 있게 도와줍니다. 모르는 걸 말하기 부끄러워하는 아이에게 질문을 만드는 연습을 권해 보세요.

2. 질문 잘하는 아이가 되려면: AI가 응답을 안 해요

하나의 질문을 하면 열 가지도 알려 주는 AI. 한번은 AI를 활용한 수업을 시도했어요. 전자 기기 사용에 익숙한 아이들이기에 거뜬할 줄 알았지요. 하지만 예상치 못한 난관에 부딪힙니다.

"AI가 질문을 다시 해 달래요. AI가 엉뚱한 걸 알려 줬어요. 뭐라고 물어봐야 할지 모르겠어요."

태블릿 화면 속 커서만 깜박입니다. 궁금한 게 있어도, 그걸 말로 표현하지 못했어요. 질문을 만들어 내지 못하는 거지요. 하나만 물어도 척척 몇 가지 답을 해내는 신기함은 아이들에게 나타나지 않았어요. 어쩔 수 없이 예시 질문을 칠판에 적어줍니다.

"운동과 공부의 공통점을 알려 줘." 자신이 싫어하는 것과 좋아하는 것의 공통점 5가지 이상을 찾는 게 오늘의 미션입니다. 아이들이 싫어하는 것을 좋아하는 것과 연관 지어 다른 시선을 갖길 바라는 마음에서 계획한 수업이었어요.

AI가 알려 주는 답을 겨우 받아쓰는 모습을 보며 생각이 많아집니다. 정보 홍수에서 허덕이는 게 아니라 단 하나의 정보조차도 꺼내지 못하는 아이들. 생각을 말로 표현하는 일이 간단치 않았던 거지요. 표현할 단어가 떠오르지 않으니, 시작조차 할 수 없었던 거예요.

AI 열풍이 불던 날, 아이들이 무턱대고 베끼기만 할까 걱정했지요. 그런데 뜻밖에도 아이들은 질문부터 막혀 버렸던 겁니다. 내 생각을 표현할 어휘력이 부족했던 거지요. 더 문제는, AI에서 얻어 낸 답변이 틀린 것인지, 맞는 것인지 모른다는 거예요. 질문부터 정확하지 않으니까요.

질문을 잘하려면 질문을 잘 만들어 내는 능력부터 요구됩니다. 결국 아이들에게 필요한 건 AI를 잘 다루는 능력이 아닌, 내 생각을 표현할 수 있는 능력이지요. 국어 시간에 배우는 '말하기'와 '쓰기'입니다.

질문 잘하는 아이가 되려면 언어 능력이 우선되어야 합니다.

3장 ＿ 성장편

슬기로운 학교생활, 논어에서 지혜를 얻다

논어 속 공자는 지위가 없음을 걱정하지 말고,
스스로의 능력이 갖추어지지 않음을 걱정하라고 하셨지.
지위는 나의 힘으로 얻을 수 있는 건 아니지만,
노력은 나에게 달려 있기에, 내가 할 수 있는 것에 집중하는 거야.
무엇보다 할 수 있는 일에 집중하면, 불안한 마음이 사라진단다.

정리

사물함이 엉망진창이에요

> 어느 것을 먼저라 하여 전수하고 어느 것을
> 뒤로 미루어 게을리하겠는가?
> -〈자장편〉 12장

단원 평가가 있는 날이에요. 아이들은 책에 얼굴을 파묻었고, 교실에서는 책장 넘어가는 소리만 들렸어요. 그런데 저 멀리 정빈이가 눈에 띕니다. 모퉁이가 잘리고 마구 구겨진 학습지 뭉치를 뒤적이고 있었거든요. 당황한 기색이 역력했어요. 아무리 찾아도 오늘 평가 보는 학습지가 보이지 않나 봅니다. 결국 선생님과 함께 찾기로 하고 사물함을 열었는데, 깜짝 놀랐습니다.

"정빈이 사용 중인 사물함 맞니? 물건 넣고 빼기도 너무 불편했을 것 같은데, 정리하는 게 어떠니?"

과자 봉지와 블록처럼 쌓인 교과서들이 단숨에 쏟아질 것만 같았어요. 구겨질 대로 구겨진 학습지들이 빈틈을 채웠고, 먼지와 물건이 뒤엉켜 있는 사물함은 마치 골동품 박물관을 보는 듯했어요. 정빈이 건강을 생각해서라도 하루빨리 정리하지 않으면 안 되겠다는 생각이 들었습니다.

"오늘 선생님과 같이 정리하자. 먼지가 쌓이면 네 기관지에도 안 좋단다."

"그냥 놔둘래요. 공부할 시간이 없어서 안 돼요. 정리할 시간에 학습지 한 글자라도 더 볼래요. 정리 안 한다고 큰일이 생기는 것도 아니잖아요."

도무지 사물함을 정리할 마음이 없어 보였어요. 오히려 정리하는 시간을 아까워하는 걸 보니 정빈이에게 사물함 정리는 쓸모없는 일쯤으로 생각되나 봅니다. 학생이기에 공부가 중요한 건 맞지만 그렇다고 공부만 중요한 걸까요? 정빈이에게 논어의 지혜를 들려줍니다.

"정리하지 않는다고 큰 문제가 생기는 것도 아니니까, 충분히 정빈이처럼 생각할 수 있단다. 그런데 학생은 공부만 잘하면 되는 걸까? 누구보다도 학식이 높은 공자는 어땠을까? 공자는 학문만 중요하게 생각하지 않으셨단다. 공자 제자인 자유와 자하의 논어 속 대화를 보면 공자의 가르침을 엿볼 수 있어.

자유가 말하였다.

"자하의 제자들이 물 뿌리고 청소하며 손님을 응대하는 일, 나아가고 물러가는 예절 등을 잘하는데 그런 건 말단의 일이다. 공부의 근본이 되는 것은 아무것도 하는 게 없는데 어쩌려고 그러는가?"

자하가 듣고서 말했다.

"자유의 말이 지나치구나. 군자의 도가 어느 것을 먼저라 하여 전수하고 어느 것을 뒤로 미루어 게을리하겠는가?"

－〈자장편〉 12장

  한창 공부에 몰두해야 할 자하 제자들이 공부보다 청소하고 예절을 지키는 모습을 자유가 본 거야. 공부만 해도 모자랄 시간인데 청소나 예절에 힘쓰는 걸 보며, 안타까운 마음에 자유가 한마디 했단다. 청소나 예절은 공부에 비하면 사소한 일이라고 생각했거든.

  그 말을 들은 자하의 반응은 어땠을까? 흔들렸을까? 아니. 자하는 당황하지 않고, 당당하게 자유에게 말했단다. 청소하는 일이나 예절을 지키는 일도 공부만큼 중요하다고 생각했거든.

  어떤 일이라고 해서 반드시 먼저 해야 하고, 또 어떤 일이라고 해서 뒤로 미룰 수 없다고 본 거야. 세상 모든 일에는 '이치'

가 있다고 보았기 때문이지. 정리에도, 공부에도 그 속에 이치가 담겨 있는 거지. 세상 그 어떤 일도 하찮게 생각해서는 안 되는 이유야. 그렇기에 청소를 의미 없는 일이라며 소홀히 해서는 안 된다고 본 거지. 대신, 청소와 공부하는 일 모두 중요하지만 일의 순서가 있다고 생각했단다.

우리 반 성빈이라면 아마 공부를 먼저 주장했겠지. 그런데 옛사람들은 아니었어. 물 뿌리고 빗자루질하는 청소를 먼저 배워야 한다고 보았단다. 작은 생활 예절부터 하나씩 배워 나가야 성인의 경지에 이를 수 있다고 생각했어.

공부하기 위한 기본을 먼저 다진다고 생각하면 좀 더 쉽게 이해될까? 공부하려면 배우는 일만큼이나 인내하고 절제하는 자세가 중요하거든. 그런 기본자세를 청소나 예의를 배우면서 길러 나갈 수 있다고 본 거야. 훌륭한 요리사들의 일화를 보면, 오랜 시간 양파 껍질만 까는 등의 허드렛일을 하며 견딘 시간이 있었듯이 말이야.

우리 선조들은 아이들에게 공부를 가르칠 때 바로 학문부터 가르치지 않았어. 물 뿌리고 빗자루질하는 청소와 사람을 응대하고 나가고 물러나는 예절을 먼저 가르쳤단다. 서당에서 배운 《소학(小學)》이라는 책만 봐도 알 수 있어. 깨끗이 세수하고, 단정히 옷을 입는 법이라든지, 효도, 손님맞이와 같은 일상 속 기본예절에 관한 내용이 가득하거든. 선조들은 청소나 예절 교육을 통해 스스로를 바로 세우는 기초를 다지셨던 거야. 학문만큼이나 나 자신을 바로 세우는 일을 중요하게 생각하셨단다. 인간 됨됨이라는 말 들어 봤을 거야.

'수신제가 치국평천하(修身齊家 治國平天下)'*라는 말, 한 번쯤 들어 봤겠지? '몸과 마음을 닦아 수양한 뒤, 집안을 가지런히 하며, 나라를 다스리고 천하를 평정한다'는 뜻이란다. 스스로를 다스리는 것이 모든 일의 출발점이라는 말이지."

부모 처방전

사소한 학습지 정리의 기적

과거 뉴욕 지하철에서는 범죄가 자주 발생했다고 합니다. 그런데 범죄를 줄이기 위해 가장 먼저 단행한 조치가 눈길을 끕니다. '낙서'와 '무임승차'를 없애는 데 주력했거든요.

고작 낙서를 지우고 무임승차를 막는 사소한 일로 큰 범죄가 줄어들까 싶지만, 놀랍게도 범죄율이 빠르게 감소했다고 합니

---

* 修: 닦을 수, 身: 몸 신, 齊: 가지런할 제, 家: 집 가, 治: 다스릴 치, 國: 나라 국, 平: 평평할 평, 天: 하늘 천, 下: 아래 하

다. 낙서와 무임승차라는 작은 문제를 없앴을 뿐인데, 큰 범죄가 사라진 셈이지요.

　EBS 다큐 〈사소한 것의 기적〉에서도 비슷한 실험이 있었습니다. 쓰레기봉투 하나로 흥미로운 결과를 얻었는데요. 실험은 길모퉁이에 쓰레기봉투 하나를 버리는 것에서 시작합니다. 쓰레기봉투 하나가 버려진 그 길모퉁이, 다음 날 어떤 일이 일어났을까요?

　놀랍게도 그 길모퉁이는 쓰레기 더미로 변해 버렸어요. 길을 지나던 주민들이 쓰레기봉투가 버려진 걸 보고는 그곳에 쓰레기를 버려도 된다고 생각했던 거지요. 쓰레기봉투 하나라는 작은 문제가 쓰레기 더미라는 큰 문제를 만들어 버렸어요.

　쓰레기봉투 실험처럼 작은 문제는 큰 문제를 불러오기도 하지만, 반대로 생각하면 뉴욕 지하철 이야기처럼 작은 문제부터 해결하면 큰 문제를 막을 수도 있음을 알 수 있어요. 이 원리를 아이들에게도 적용해 볼 수 있지요.

　학교에서 공부를 잘하는 아이들을 보면 대부분 정리를 잘하는 편이에요. 물건 정리는 물론이고, 학습지 정리, 교과서 정리까지도요. 언제든 학습할 수 있는 준비가 되어 있지요. 무엇보다 귀찮은 정리를 인내하고 절제하며 해냄으로써 공부에 필요한 지구력을 기르기도 하고요.

　정빈이처럼 책가방과 학습지를 제대로 정리하지 않는 경우는 어떨까요? 정리하지 않은 사소한 일이 학습지 분실, 공부 집중력 하락, 단원 평가 감점으로 연쇄적으로 이어져 결국 성적에 영향을 주는 큰 문제를 불러일으킬 수 있어요.

학습지 정리는 단 3분이면 끝낼 수 있는 어렵지 않은 일입니다. 그런데 그 사소한 3분이 앞으로 다가올 큰 문제를 막을 수 있어요. 뉴욕 지하철 범죄도 작은 일로 해결한 것처럼요.

'사소한 학습지 정리의 기적', 아이와 한번 만들어 보는 건 어떨까요? 혹시 아이 가방과 주변 정리를 어른들이 다 해 주고 있지는 않으신가요?

공부가 아니라고 해서 소홀히 가르치면 안 돼요. 공자는 글공부를 가장 나중으로 생각했어요.

"집에 들어가서는 부모님께 효도하고 나가서는 어른들을 공경하며 말과 행동을 조심하고 신의를 지키며, 널리 사람을 사랑하되 어진 사람과 가까이 지내야 한다. 이렇게 하고 남은 힘이 있으면 그 힘으로 글을 배우는 것이다."(〈학이편〉 6장)

노력

머리는 좋은데 노력을 안 해요

나는 부지런히 찾아 배운 사람이다
-〈술이편〉 19장

"우리 창희가 머리는 참 좋은데, 노력을 안 해요."

학부모 상담 주간, 창희 어머님께서 오셨습니다. 창희의 성적에 대한 고민이 크셨어요. 유치원 때는 제법 똘똘했던 아이가 초등학생이 되면서는 도통 공부를 하지 않는다며 걱정하셨지요. 방과 후, 창희와 따로 상담을 나누어 보았습니다.

"창희가 이번 단원 평가가 어려웠구나. 선생님이랑 다시 시작해 보자."

그랬더니 창희가 이렇게 말하더군요.

"어차피 저는 노력해도 안 돼요."

"창희야, 왜 그렇게 생각하니? 아니야. 노력으로 안 되는 일은 없단다. 에디슨의 말도 있잖니. 천재는 99퍼센트 노력이라고."

"이번에 공부했어요. 그런데 고작 5점 올랐어요. 엄마는 1점 오른 건 공부하지 않은 거래요. 좋은 머리 썩히지 말고 공부 좀 하라고 하셔요."

창희는 노력하지 않았던 게 아니었습니다. 노력한 만큼 점수가 오르지 않았던 거였지요. 창희 어머님은 결과로만 창희의 노력을 바라보셨던 겁니다.

아무리 노력해도 변화가 없으니, 창희는 더 이상 노력할 마음이 생기지 않았던 거예요. '노력한 만큼 결과를 얻는다'는 믿음이 사라졌던 겁니다. 창희에게는 노력의 힘을 일깨워 줄 필요가 있었습니다. 아이에게 논어의 지혜를 들려주었지요.

"창희야, 처음부터 잘하는 사람은 없단다. 끊임없는 노력으로 훌륭한 사람이 되는 거야. 공자도 태어날 때부터 잘하신 분은 아니었단다. 논어에 이런 구절이 있어.

나는 태어나면서부터 안 사람이 아니라, 옛것을 좋아하여 부지런히 찾아 배운 사람이다.

-〈술이편〉 19장

무엇이든 다 알 것 같은 공자도 처음부터 잘한 건 아니란다. 끊임없이 노력하셨지. 옛사람들의 지혜를 부지런히 공부하셨어. 태어나면서부터 천재였을 거 같지만, 스스로가 노력해서 깨우쳤다고 말씀하셨어. 공자와 같은 훌륭한 사람도 노력을 통해 되었음을 알 수 있단다.

창희의 성적이 오르지 않았던 건 노력을 하지 않아서가 아니야. 노력이 쌓이지 않았을 뿐이야. 한 번의 노력으로 많은 점수를 올릴 수는 없거든. 논어 구절 속 '부지런히'라는 글자가 눈에 띄지? 공자도 한두 번이 아닌 '부지런히' 노력하셨단다.

이번 반별 합창제에서 우리 반이 우승했잖아. 하루아침의 노력으로는 이뤄 낼 수 없었을 거야. 친구들이 한 달 넘게 연습한 결과였지. 이처럼 노력은 쌓여야 한단다."

창희에게도 노력이 쌓이면 나타나는 힘을 일깨워 주고 싶었습니다. 노력을 믿지 않는 창희에겐, 노력하면 변할 수 있다는 체험이 필요했거든요.

그래서 매일 공부 노트를 기록하기로 했어요. 어떤 내용이든 공부한 내용을 기록해서 확인받는 겁니다. 창희는 하루 반쪽 분량의 공부 내용 작성을 약속했지요. 분량은 자신이 감당할 수 있는 만큼만 정했습니다. 많은 양은 오래 지속하기 어렵거든요. 과연 창희는 노력의 힘을 느꼈을까요?

처음 2주 동안은 투덜거리며 하지 않은 날도 있었습니다.

그러다 노트가 어느 정도 채워질 무렵이었어요. 창희가 그동안 쌓인 노트를 자꾸만 넘겨 보는 겁니다. 얼굴엔 미소가 가득하더군요. 뿌듯했던 거지요.

어느 날은 먼저 확인 도장을 받으러 오더니, 목표치를 훌쩍 넘어 더 많은 분량을 공부했더라고요. 무엇이 창희를 움직인 걸까요? 채워질수록 더 채우고 싶은 마음 있잖아요. 눈으로 보이는 노력이 창희에게 성취감을 주었던 겁니다. 성취감을 경험한 창희는 노력을 멈추지 않았어요. 창희에게 다시 이렇게 얘기해 주었습니다.

"모든 일은 자신이 어떻게 하느냐에 달려 있어. 노력의 결과가 바로 나타나지 않는다고 해서 포기하면 안 돼. 노력에도 '부지런함'이 필요하단다. 작은 노력이 쌓이면, 분명 큰 변화가 찾아올 거야."

부모 처방전

노력의 힘을
일깨워 주세요

창희의 연습장 쓰기는 CBS 〈세상을 바꾸는 시간 15분〉에 출연한 이재영 교수님의 '노트 쓰기로 당신의 천재성을 끌어내세요'

에서 힌트를 얻은 거예요.

교수님의 노트 쓰기를 지속하는 노하우가 특히 인상 깊었거든요. 교수님은 처음 노트를 쓸 때 전체 분량의 20퍼센트를 단숨에 채운다고 해요. 20퍼센트가 채워지면 노트를 끝까지 쓸 확률이 높아진다고요. 20퍼센트 채워진 노트가 주는 성취감이 계속 노트를 쓰게 만드는 원동력이 되어 주는 거지요.

노력해서 결과를 얻을 때, 아이는 성취감을 느껴요. 그리고 그 성취감은 아이를 스스로 움직이게 하지요. 작은 성취감이 쌓이면, 아이는 공부에 재미를 느끼게 돼요. 재미를 느끼는 순간부터는 잔소리하지 않아도 아이가 먼저 움직일 거예요. 매일 쌓아 온 작은 성취감은 결국 아이만의 강점이 되어 있을 거고요.

혹시 아이가 기울인 노력의 결과가 미미하다고 해서, "머리는 좋은데 노력을 하지 않는다"는 말로 노력의 가치를 깎아내리시는 건 아닌가요? 모든 일은 아이가 하기에 달렸음을 일깨워주세요. 시작도, 완성도 모두 스스로의 노력에 달려 있어요.

"산을 쌓다가 한 그릇의 흙이 모자랄 때 그만두었다 하더라도 내가 그만둔 것이다. 땅을 평평하게 하려고 한 그릇의 흙을 부었더라도 내가 전진시킨 것이다."(〈자한편〉 18장)

과정

백 점 맞고 싶어서 부정행위를 했어요

어떤 사람인지 숨길 수 없을 것이다
-〈위정편〉 10장

교실에서는 한창 수행 평가가 진행되는 중이었어요. 저 멀리 수민이가 눈에 띄었습니다. 필통을 만지작거리며 자꾸만 눈치를 살핍니다. 순간 직감했어요. 다가가 보니, 오늘 평가 내용이 필통에 빼곡하게 적혀 있었어요. 너무 놀랍고 의외였습니다. 수민이는 우리 반 척척박사거든요.

걱정스러운 마음으로 방과 후에 수민이와 이야기를 나눴습니다. 그런데 부정행위 이야기를 꺼내자, 아이는 울면서 나에게 부탁을 하는 거예요.

"선생님, 한 번만 봐 주시면 안 돼요? 집에 말씀 안 하시면 안 돼요?"

수민이는 부모님께 부정행위 사실을 알리지 말아 달라고 부탁했어요. 나중에라도 알게 되실 텐데 난감했습니다.

"수민이 마음은 충분히 이해해. 하지만 0점이 된 평가 결과를 가져가면 부모님께서 많이 놀라실 거야. 부모님께 사실대로 말씀드리고, 앞으로는 더 잘하겠다고 약속하면 되지."

"안 돼요. 부모님이 정말 실망하실 거예요. 엄마는 제가 백점 맞을 때마다 크게 기뻐하세요. 아빠는 또 어떻고요. 제가 백점 맞아 오면 뭐든 다 해 주세요. 그런데 부정행위한 걸 아시면 실망하실 거예요. 공부를 안 하려던 게 아닌데 어제 공부하다가 깜빡 잠이 들었어요."

수민이는 부정행위를 해서 부모님께 혼날까 봐 두려웠던 게 아니었어요. 그동안 자신으로 인해 기뻐하셨던 부모님이 이 일로 실망하실까 봐 걱정했던 거지요. 백 점 맞을 때마다 기뻐하셨던 부모님을 실망하게 하고 싶지 않았던 거예요. 수민이는 시험 점수만이 부모님을 기쁘게 해 드리는 유일한 수단이라 생각했어요. 수민이는 어떻게든 부정행위를 숨겨야 했지요.

그런데 수민이 부모님은, 수민이가 부정행위까지 하면서 백점 맞기를 바라셨을까요? 백 점이 아니면 공부를 열심히 안 했던 걸까요? 우리 반 척척박사답게, 수민이는 매일 열심히 공부해 왔거든요. 하필 평가 전날, 깜빡 잠이 들었던 것뿐인데요. 아이에게 시험의 의미는 무엇이었을까요?

"어제 깜빡 잠이 들어서 공부를 못 했구나. 괜찮아. 그럴 수 있어. 그런데 수민아, 학교에서는 왜 시험을 보는 걸까? 잘하면 칭찬하고, 못하면 혼내기 위해서일까? 아니야. 시험은 공부해 온 과정을 돌아보려고 있는 거란다. 모르는 것과 아는 것을 확인하고, 모르는 걸 보충하는 기회를 주기 위해서야. 부정행위로 백 점을 맞으면 모르는 걸 보충할 기회가 사라지겠지. 계속 모른 채로 남게 되는 거야.

선생님은 누구보다도 네가 열심히 해 왔다는 걸 알고 있어. 우리 반 척척박사님, 논어에 이런 말이 있단다.

한 사람의 행위를 보고 그 동기를 살피고, 그것을 만족해하는지 관찰해 보라. 그렇게 관찰한다면 어떤 사람인지 숨길 수 없을 것이다.

-〈위정편〉10장

공자는 사람을 판단할 때 보이는 행동으로만 살피지 않으셨단다. 결과뿐만 아니라, 그 행동을 하게 된 동기를 살펴보셨어. 과정 말이지.

체육 시간에 축구하다가 한 아이가 넘어지면서 다쳤어. 그

때 두 친구가 정성스럽게 간호해 주었단다. 한 친구는 친구가 다칠까 봐 걱정되어 도왔고, 다른 한 친구는 나중에 자신도 넘어질 수 있으니 보답받기 위한 마음으로 도왔어. 두 친구 모두 봉사 정신이 뛰어나다고 할 수 있을까?

보답을 바랐던 친구는, 보답이 없다면 과연 도왔을까? 돕지 않았을 가능성이 크겠지. 그건 봉사 정신과는 거리가 멀어 보여. 논어 속 공자의 말씀처럼, 동기나 과정이 아닌 행동의 결과만으로 판단해서는 안 되는 이유야. 행동의 동기나 과정을 살펴보면, 그 사람의 진심이 드러나는 법이지.

시험도 마찬가지란다. 높은 점수를 받았다고 해서 수업 태도가 아주 좋다고 할 수 있을까? 반대로 점수가 낮다고 해서 수업 태도가 나쁘고 공부를 안 한 걸까? 물론 점수가 높으면 열심히 했을 가능성이 크겠지만, 과정을 반드시 확인해야 해.

수민이가 부정행위를 한 것도 결과만 생각한 마음이었던 거야. 결과에 따라 부모님이 기뻐하시고 실망하실 거라 생각한 거지. 그런데 무엇보다 부정행위로 백 점을 맞으면 어떨까? 모르는 걸 보충하는 기회가 없겠지? 내가 무엇을 알고, 무엇을 모르는지 확인할 수 있는 시험의 의미가 사라져 버려.

결과가 좋지 않더라도, 열심히 해 온 자신을 격려하는 일도 중요하단다. 부모님은 네가 열심히 한 보상으로 백 점을 받아서 누구보다 기뻐하셨을 거야. 꼭 백 점이라서가 아니라, 네가 잘하고 있으니까…. 부모님께 앞으로 더 잘하겠다는 의지를 보이면, 백 점 맞은 것보다 훨씬 더 좋아하실 거야."

부모 처방전

성적 통지표를 받았을 때

아이가 백 점을 받아오는 것만큼 부모로서 기분 좋은 일은 없을 거예요. 아이의 수고에 아낌없는 칭찬을 보내야 하지요. 그런데 아이에게 어떻게 칭찬하시나요? 혹시 백 점에만 초점이 맞춰진 칭찬은 아닌가요?

"백 점 맞아서 너무 행복해. 엄마 아빠의 아들(딸)인 네가 자랑스러워."

언뜻 보면 사랑이 듬뿍 담긴 칭찬이지만, 이는 백 점이라는 시험 결과에만 초점을 둔 칭찬이에요. 결과에만 초점을 둔다면, 아이는 시험 결과에 부담을 느끼기 시작할 거예요. 부모님이 자신에게 거는 기대를 생각하면 어깨가 무거워지고요. 아이도 공부의 목표를 백 점에 둘 수 있어요. 어떻게든 백 점을 맞아야겠다고 생각한 아이는 부정행위까지 생각하게 되지요.

결과가 아닌 과정을 칭찬해 보는 건 어떨까요? 아이의 노력 말이에요. 자연스레 아이도 결과가 아닌 과정에 의미를 두게 될 거예요.

"매일 스스로 계획을 세워 공부하는 모습이 참 기특하구나. 엄마 아빠는 스스로 공부하는 네가 자랑스럽단다."

결과가 아닌 과정을 칭찬해 주세요.

우정

친구를 사귀고 싶어요

말은 어눌하게, 실천은 민첩하게 한다
–〈이인편〉 24장

"믿음으로써 친구를 사귀어야 한다. '세속오계' 중 '교우이신'."

오늘의 수업 주제는 '세속오계'였어요. 특히 믿음으로 맺은 친구 사이는 쉽게 변치 않는다며, 아이들은 믿음직한 친구가 되겠다고 다짐도 했어요. 수업이 끝나고 나연이가 찾아왔습니다.

"선생님, 절친을 만들고 싶은데, 믿음은 어떻게 만들 수 있나요?"

나연이가 먼저 나에게 말을 건넨 건 처음이었어요. 조용하고 말수가 없는 아이였거든요. 작은 목소리가 얼마나 떨리던지요. 나에게 오기까지 얼마나 많은 고민을 했을지 짐작할 수 있었어요.

"오늘 배운 '믿음으로 친구를 사귀라'는 말이 인상 깊었구나. 믿음의 가치는 글자 속에서 찾을 수 있단다. 한자 '믿을 신(信)'을 살펴볼까? 사람[人]과 말씀[言]이 더해졌어. 사람이 하는 말에는 믿음이 있어야 한다는 뜻이야. 믿음은 말에서부터 생긴다고 할 수 있지."

"저는 부끄러움이 많아서 말 건네는 게 너무 어려워요. 말재주 없으면 안 되는 거죠?"

말에서 믿음이 나온다는 말에 나연이가 고개를 떨궜어요. 부끄러움 많은 나연이에게는 친구들과 말하는 것이 가장 힘든 일이었거든요.

그런데 믿음을 만드는 말은 어떤 말일까요? 나연이가 생각하는 것처럼, 믿음은 유창한 말솜씨에서 생기는 걸까요?

"'말' 하면 논어야. 논어에는 말과 관련된 지혜가 많단다. 그런데 말을 잘하는 방법에 대해서는 단 한 줄도 없단다. 오히려 말만 잘하는 사람을 경계했단다. 말을 더듬는 사람을 오히려 어질다고 할 정도니까. 다음과 같은 구절이 있단다.

군자는 말은 어눌하게, 실천은 민첩하게 하고자 한다.

-〈이인편〉 24장

어눌하다는 건 말이 서툴고 능숙하지 않은 걸 말해. 말을 많이 하지 않고, 입이 무거운 걸 나타내기도 한단다. 왜 어눌하게 말하라고 했을까? 바로 실천 때문이야. 말하는 건 쉽지만, 실천은 어렵거든.

모둠 활동으로 생각해 볼까? 어느 모둠이 제대로 준비를 해 오지 않아서 활동에 참여할 수가 없었어. 그런데 알고 보니, 한 친구가 자신이 모든 걸 다 해 오겠다며 큰소리를 뻥뻥 쳤는데 준비를 해 오지 않았던 거야. 다른 모둠원들 모두 굳게 믿고 손 놓고 있다가, 아무런 준비도 못한 거지. 결국 모둠 활동을 제대로 할 수 없었고, 모둠원들의 실망과 원망이 이만저만이 아니었단다. 말 한마디에 신뢰가 무너진 거야.

믿음이라는 한자 '信(신)'을 기억하니? 한자를 보면 믿음은 사람의 말에서 나온다는 걸 알 수 있어. '사람[人]의 말[言]'이라는 뜻이야. '믿음'은 사람의 말에서 시작된다는 거지. 내뱉은 말을 실천하지 않아서 믿음을 저버린 것처럼 말이야. 자신이 한 말들을 지켰다면 어땠을까? 어떤 일이든 믿고 부탁할 수 있었을 거야. 믿음이 생겼으니까.

말에서 생기는 믿음이지만, 꼭 말을 잘한다고 해서 생기는 건 아니란다. 말한 것을 얼마나 실천하느냐가 중요한 거지. 말한 것을 모두 실천하려면, 저절로 말수는 줄어들 수밖에 없어. 말보다 실천이 훨씬 어려운 법이니까. 믿음은 말솜씨에서 나오는 게 아니란다. 오히려 말만 유창하게 하는 걸 유의해야 하지.

공자도 말만 잘하는 사람을 아주 경계하셨어. 논어에 말과 관련된 지혜가 아주 많은 것만 봐도, 말을 얼마나 신중하게 해야 하는지 알 수 있단다.

실천하려고 노력하면 할수록, 말하기가 어려워진단다. 말한 만큼 다 지켜야 하니까. 대신 말이 신중해지면, 들을 기회가 많아질 거야. 경청의 태도가 생기는 거지."

부모 처방전

친구들에게 인기 많은 아이의 비결

저는 매년 학년 말이 되면 학급 봉사상을 수여합니다. 친구들이 뽑는 상이지요. 한 해 동안 가장 믿음직스럽고 봉사 정신이 뛰어난 친구를 뽑아요.

해마다 뽑히는 친구의 모습은 비슷합니다. 가장 큰 공통점은 경청하는 친구더라고요. 친구 말에 귀 기울일 줄 아는 아이의 주변에는 언제나 친구가 끊이질 않아요. 필요한 말만 하고, 친구가 하는 말을 잘 경청하는 태도는 신뢰감을 주니까요.

우리 아이가 부끄럼 많고 말주변이 없어서 친구 사귐을 고민하지는 않나요? 말재주보다 친구 말에 귀 기울일 줄 아는 태도가 훨씬 더 중요하다는 걸 일깨워 주세요.

내면

생얼로 못 다니겠어요

노란 옷에는 노란 여우 가죽옷을 받쳐 입으셨다
-〈향당편〉 6장

즐거운 점심시간이에요. 기대 가득한 얼굴로 아이들이 급식실로 가려고 줄을 섰어요. 그런데 재은이가 또 밥을 안 먹겠다고 합니다.

"선생님, 저 배 아파서 밥 못 먹겠어요."

한창 성장기인데 걱정이 됐습니다. 그렇다고 안 먹겠다는 재은이를 억지로 먹일 수도 없는 노릇입니다. 혹시 재은이에게 무슨 일이라도 있는 걸까요?

며칠 후, 재은이가 급식소에 가려고 줄을 서는 거예요. 이날은 평소와는 다르게 새하얗게 화장을 했어요.

"재은이, 오늘은 밥 먹을 수 있겠어? 다행이다. 그런데 웬일로 화장을 했니? 안 해도 충분히 예뻐, 재은아."

"안 돼요. 얼굴 여드름 때문에 화장 안 하면 이상해서 못 봐줘요. 생얼로는 못 다니겠어요."

"여드름 때문에 스트레스였구나. 선생님 보기에는 재은이 여드름 난 두 볼도 참 예쁜걸? 시간이 지나면 자연스럽게 없어질 거니까 걱정하지 말아. 너희들은 아직 피부가 약해서, 두껍게 화장하면 피부가 상하기 쉽단다."

그동안 외모 때문에 밥을 먹지 않았나 봐요. 그러고 보니 재은이가 점심을 거르기 시작한 게 급식소 가림막을 없애고 난 후부터였어요. 코로나19 때문에 설치해 둔 가림막이었는데, 거리 두기가 해제되면서 철거되었거든요. 식당에서는 어쩔 수 없이 마스크를 벗어야 하니, 얼굴을 가릴 수가 없어서였을까요? 생얼이 창피하다는 재은이, 어떻게 자신감을 찾을 수 있을까요? 외모에 자신 없어 하는 재은이에게 논어의 지혜를 들려줍니다.

"자신을 드러내는 방법에는 여러 가지가 있어. 우리 반 친구들만 해도 저마다의 개성으로 뽐낸단다. 글씨를 반듯하게 쓰는 지민이는 우리 반 한석봉으로 유명해. 운동하면 명훈이지. 매일 아침 운동, 점심 운동으로 자신을 알리지. 패션하면 우리 반 민지도 있고, 왕눈이 정현이까지. 정현이는 자신의 맑고 큰

두 눈이 돋보이게 눈썹을 참 예쁘게 그려. 화장도 나를 드러내기 위한 좋은 방법인 거야.

문제는 나를 숨기려는 화장이란다. 내 모습을 감추려는 화장 말이야. 나 자신을 사랑하지 않을 때 생기는 마음이지. 자신을 미워하고 숨길수록 화장은 더욱 두꺼워질 테니까 그런 모습이 오히려 더 미워 보일 거야. 악순환만 될 뿐이지. 화장은 나를 감추려는 게 아닌, 돋보이기 위한 수단이어야 한단다.

공자도 멋을 부리셨어. 패셔니스타였거든. 아무렇게나 옷 입지 않으셨단다. 논어에 이런 구절이 있어.

검은 옷을 입을 때는 검은 염소 가죽옷을 받쳐 입고, 흰 옷을 입을 때는 흰 새끼 사슴 가죽옷을 받쳐 입고, 노란 옷에는 노란 여우 가죽옷을 받쳐 입으셨다.

-〈향당편〉 6장

공자의 패션 감각이 느껴지니? 검은색은 검은색끼리, 흰색은 흰색끼리 색깔을 맞춰 입으셨단다. 위대한 인물인 공자도 내면만 갈고닦은 게 아니셨어. 외면도 신경 쓰신 거지. 옷을 잘 갖춰 입는 것도 예절이라고 생각하셨던 거야. 예의 있는 자신을 표현하기 위해 외면도 꾸미셨지.

공자처럼 나의 가치를 좀 더 드러내기 위해 화장을 하는 건 얼마든지 괜찮단다. 나 자신을 드러내려면, 내가 어떤 사람인지 스스로가 잘 알아야 해. 무엇보다 나를 사랑할 수 있어야 한단다. 그래야 비로소 내가 가진 장점이 보이니까. 요즘 퍼스널 컬러도 유행하잖아. 나를 드러내는 색깔이 있듯, 나를 좀 더 표현하기 위해 나를 꾸며 보는 거야."

부모 처방전

화장하는 우리 아이, 괜찮아요

화장하는 아이가 괜찮다는 말이 의아할 거예요. 결론부터 말하면, 나를 드러내기 위해 화장하는 아이는 걱정하지 않으셔도 돼요. 물론 과한 화장은 교칙에 어긋나기도 하고, 아이 피부에 해가 되거나 학업에 지장을 줄 수 있으니 어른이 되어서 할 수 있도록 교육은 필요하지만요.

하지만 자신의 개성을 표현하기 위한 수단으로서의 화장은 존중해 주면 좋을 것 같아요. 자신을 위한 일이니까요.

옷으로 생각해 볼게요. 옷을 살 때, 나에게 옷을 맞추는지요, 아니면 옷에 나를 맞추는지요? 비슷해 보여도 다른 말이에요. 내가 옷에 맞추는 경우는 남들이 좋아하고 예뻐하는 옷을 입어

남에게 잘 보이기 위함이지요. 남의 눈에 띄려면, 남들이 좋아하는 옷을 입어야 하니까요. 내게 어울리는 것보다, 유행하고 인기 많은 연예인의 옷을 따라 사고요.

   나를 위해 옷을 사는 경우는 어떨까요? 일단 자신감이 넘쳐요. 자신의 장점이 드러나는 옷을 입으니까요. 내 눈에 예쁜 옷이라면, 남이 싫어하든 유행에 뒤처지든 개의치 않아요. 다른 사람의 시선이야 어떻든, 내 개성만 드러나면 되지요. 옷은 매력을 드러내는 도구일 뿐이니까요.

   우리 아이가 하는 화장과 꾸밈이 스스로를 위한 건지, 아니면 다른 사람에게 보이기 위한 건지 동기를 살펴보세요. 자신의 개성을 드러내고 싶은 것이라면, 무작정 제지하기보다 그 마음을 이해하고 인정해 주는 건 어떨까요? 무턱대고 화장하는 아이에게 야단부터 친다면, 갈등이 생길 수밖에 없어요. 자신을 알아주지 않는다고 느낄 테니까요.

부담감

학교만 오면 배가 아파요

자기를 알아주지 않는 것을 걱정하지 말라
-〈이인편〉 14장

"선생님, 저 왔어요."

오늘도 정미는 점심시간이 다 되어서야 등교했습니다. 아이들도 어색함 없이 정미를 맞이합니다. 낯선 풍경도 아닌 게, 정미는 학기 초부터 늦게 등교했거든요.

3월 정미를 처음 만난 날, 정미는 배가 아파서 화장실을 몇 번이고 다녀왔습니다. 병원에서 신경성이라는 진단을 받았더라고요. 아마도 새 학년, 새 학기에 대한 부담이 컸던 모양입니다.

그 후로도 정미는 여전히 화장실을 들락날락했습니다. 그런데 또 다른 문제가 생겼어요. 화장실 문밖에서 친구들이 기다린다는 사실이 정미에게 부담이었던 겁니다. 결국 집에서 해결하기 시작하면서, 조금씩 등교가 늦어지게 되었어요. 처음에 10분, 20분 늦던 정미는 어느덧 서너 시간씩 늦게 등교하더니, 수행 평가가 있던 어제는 학교에 오지 않았습니다. 그리고 오늘, 정미는 등교하자마자 걱정스러운 얼굴로 나에게 물었어요.

"선생님, 어제 수행 평가 안 봤으면 오늘 다시 봐야 하는 거죠? 좀 미뤄 주시면 안 될까요? 공부를 하나도 못 했어요."

"우리 정미, 수행 평가가 걱정됐구나."

"하나도 못 쓸까 봐 겁나요. 이러다가 중학교, 고등학교 가서도 꼴찌 하면 어떡해요? 애들은 다 잘 알던데 저만 몰라요. 그래서 학교만 오면 불안하고 답답해서 배가 더 아파요."

학기 초 긴장감으로 학교를 몇 번 빠졌던 것이, 정미에게는 또 다른 불안감으로 돌아왔던 겁니다. 학교에 오면 자신은 모르는 내용까지 잘 알고 있는 친구들의 모습에 불안했던 거예요. 자신만 뒤처진다는 생각에 미래가 두려웠고요. 그래서 학교만 오면 배가 아팠던 거지요.

"정미야, 불안해하는 것보다 지금이라도 시작하는 게 낫지 않을까? 정미 너는 똑똑해서 금방 따라갈 거야. 지금이라도 같이 해 보는 게 어때? 선생님이 도와줄게."

"못 하겠어요, 선생님. 공부해야 한다는 건 알겠는데, 공부하는 게 너무 싫어요. 그동안 많이 빠져서 매일 밤새도 모자랄 것 같은데, 저는 못 하겠어요. 내용이 너무 많아요."

아이는 그동안 빠진 내용이 산더미처럼 쌓여, 공부할 엄두가 나지 않았던 겁니다. 낮은 점수를 받고 싶진 않지만, 그렇다고 많은 분량의 공부를 해낼 자신이 없었던 거지요. 그러다 결국 학교에 오지 않는 편을 택했고요.

"우리 정미, 지난 줄넘기 수행 평가에서 만점 받았던 거 기억하니? 그때 정미가 만점 받을 수 있었던 가장 큰 이유가 무엇이었을까? 선생님 기억으론, 줄넘기 처음 하던 날에는 많이 힘들어했던 기억이 나거든."

"집에 가서 계속 연습했어요. 계속 연습하니까 되더라고요."

"그랬구나. 노력을 많이 했구나. 그러면 답은 정미가 가지고 있겠는걸? 수행평가를 하나도 못 쓸까 봐 두려워하지 않으려면 어떻게 하면 될까?"

"노력요. 그런데 노력하기에는 이미 너무 멀리 와 버렸어요. 너무 많이 뒤처져서 불안해요."

"아니야, 정미야. 그건 네가 다른 사람과 비교하려는 마음 때문에 불안을 느끼는 거야. 너의 비교 대상은 친구가 아니라 어제의 너란다. 어제보다 단 한 걸음이라도 앞서가면 되는 거야. 내가 할 수 있는 일에 집중하면 불안하지 않아. 논어에 이런 말이 있단다.

지위가 없음을 걱정하지 말고 그 자리에 설 수 있는 능력을 갖추기를 걱정해야 하며, 자기를 알아주지 않는 것을 걱정하지 말고 남이 알아줄 만하게 되도록 노력해야 한다.

-〈이인편〉 14장

  우리에게 훌륭한 성인으로 알려진 공자는 높은 지위를 얻지 못하고 13년 정도를 여러 나라를 떠돌면서 방랑했어. 그런데도 지위 없음을 걱정하지 않으셨지. 오히려 지위에 오를 만한 능력이 없지는 않을까 걱정하셨단다.

  남이 자기를 알아주지 않는 것을 고민하지 않으셨어. 묵묵히 스스로 갈고닦으며, 수양에 몰두하셨지. 끊임없이 노력하면 자신이 드러내려고 하지 않아도 저절로 알려지는 법이란다. 공자를 따르던 제자가 삼천 명에 달했다는 걸 봐도 알 수 있어.

  이렇듯 논어 속 공자는 지위가 없음을 걱정하지 말고, 스스로의 능력이 갖추어지지 않음을 걱정하라고 하셨지. 지위는 나의 힘으로 얻을 수 있는 건 아니지만, 노력은 나에게 달려 있기에, 내가 할 수 있는 것에 집중하는 거야. 무엇보다 할 수 있는 일에 집중하면, 불안한 마음이 사라진단다.

  우리 정미도 마찬가지야. 친구들이 나보다 앞서가는 걸 불안해해 봤자, 그 상황을 정미가 바꿀 수는 없단다. 주위 친구들과 비교하기 시작하면 마음만 더 불안해지고 조급해질 뿐이야. 정미가 비교해야 할 대상은 옆 친구가 아닌, 어제의 정미란다."

정미는 공부를 놓기 시작한 시점으로 돌아가기로 했어요. 학기 초 배가 아파서 놓쳤던 수학 공부부터, 따라가기 버거워서 쳐다보지 않았던 과학 공부까지 천천히 자신만의 속도로 하나씩 해 나가기 시작했지요.

정미의 목표는 결승점에 도달하는 일이지, 친구보다 먼저 도달하는 건 아니었으니까요. 내가 할 수 있는 일에 집중하고, 나만의 속도로 나아간다면 불안은 저절로 사라질 거예요.

부모 처방전

성공과 성장

남을 이겨야 할까요? 나를 이겨야 할까요? 학급 아이들을 보면, 옆 친구와 비교하며 자신은 그렇지 못한 것을 불안해하고 조급해하는 경우가 있어요.

승부욕이 강한 아이들은 조금이라도 뒤처지는 상황을 견디지 못하고 힘들어하더라고요. 나보다 더 나은 아이와 비교하며 괴로워하고요.

어제보다 한 걸음 나아간 아이에게 칭찬의 말을 해 주세요.

"오늘도 수고했어. 노력하는 네 모습이 참 사랑스럽단다."

험담

친구들이 쟤랑 놀지 말래요

많은 사람이 미워해도 반드시 살펴보아야 한다
-〈위령공편〉 27장

쉬는 시간, 시끌벅적할 교실이 웬일인지 조용했습니다. 그러고 보니 매일 교탁 앞에서 놀던 우리 반 삼총사 슬아, 민지, 재희가 안 보였어요. 쉬는 시간이면 꼭 붙어 다니면서 교실에 웃음꽃을 피웠거든요. 무슨 일이 있었던 걸까요.

때마침 지나가던 민지에게 물었더니, 우물쭈물하다가 말을 꺼냅니다.

"재희가 슬아랑 놀지 말래요. 이야기 들어 보니까 슬아가 일방적으로 약속을 어겼대요. 나빴어요."

재희랑 슬아가 다툰 모양입니다. 민지는 재희 말만 듣고 슬아와 거리를 둔 상황이었고요. 걱정도 잠시, 몇 시간이 지났을까요. 재희와 슬아가 웃으면서 뛰어노는 거예요. 두 아이 일은 오해로 밝혀지고 다시 잘 지내기로 했다는 겁니다. 그런데 재희 말만 듣고 슬아를 멀리한 민지가 걱정입니다.

마음이 편치 않은 민지가 나에게 상담을 요청했어요.

"슬아가 저를 피하는 것 같아요. 어떻게 해야 할지 모르겠어요. 슬아가 약속을 어겼다고 해서 재희 편을 든 건데. 슬아는 저를 다시는 보고 싶지 않겠죠? 사과하면 슬아 마음이 풀릴까요?"

슬아에게 미안했던 민지는 어찌할 줄 몰라 했어요.

"속상하겠구나, 민지야. 지금으로선 슬아에게 진심으로 사과하는 방법밖엔 없을 것 같아. 슬아는 너를 미워하는 마음보다는 섭섭한 마음이 클 거야. 재희 말만 듣고 멀리했으니까. 슬아도 어제 소중한 친구를 잃은 것 같다며 슬퍼했단다. 진심으로 사과해 보렴."

어쩌다 민지는 이런 곤란한 상황에 놓이게 된 걸까요? 민지에게 논어의 지혜를 들려줍니다.

"슬아에겐 재희도, 민지도 모두 소중한 친구야. 진심으로 사과하면 슬아도 이해할 거야. 무엇보다 민지는 이번 일로 많은 걸 깨달았을 거야. 내가 직접 겪지 않은 일에 대해 함부로 말해도 될까? 절대 그러면 안 된단다.

민지가 자기소개할 때 최애 음식으로 된장찌개를 이야기했던 게 기억나. 민지에게 된장찌개는 최고의 음식이지만 그렇다고 모든 사람이 좋아할까? 아니야. 누군가에게는 최악의 음식일 수도 있단다. 또 누군가가 싫어한다고 해서 된장찌개가 나쁜 음식이라고 말할 수도 없어. 사람마다 생각과 느낌이 다르니까. 어떤 게 맞고 틀리다고 할 수 없는 거야. 나에겐 최고가 누군가에겐 최악일 수 있는 거지.

그러니 좋고 싫음은 내가 직접 겪고 판단해야 하는 거란다. 논어에 이런 말이 있어.

많은 사람이 미워해도 반드시 살펴보아야 하며, 많은 사람이 좋아해도 반드시 잘 살펴보아야 한다.

-〈위령공편〉 27장

공자도 직접 겪어 보고 잘 살펴보라고 말씀하셨어. 많은 사람이 미워한다고 해서 같이 미워해서는 안 된단다. 또 많은 사람이 좋아한다고 해서 무조건 좋아해서도 안 되는 거고. 공자는 반드시 잘 살펴보라고 말씀하셨어. 어떤 일이든 내가 경험해 보고 신중하게 판단해야 해.

우리 반 삼총사 일도 마찬가지란다. 한쪽 말만 듣기보다는 양쪽 말 모두를 들었으면 어땠을까. 전해 들은 이야기를 무조건 믿지 않았으면 서로 간에 마음 상하지 않았을 텐데 하는 아쉬움이 들어. 무엇보다 네가 직접 겪지 않은 일에 대해서는 함부로 말해서는 안 된단다."

부모 처방전

틀림과 다름, 그리고 스스로 생각하고 판단하기

그런 경우 있지 않으신가요? 저 사람 조심하라는 동료의 말 한마디에 마음의 벽을 쌓았던 적이요. 그런데 겪어 보니 참 괜찮은 사람이어서 미안했던 기억이요. 하물며 아이들은 말할 것도 없지요.

아이에게 '틀림'과 '다름'을 가르쳐 주세요. 무엇보다 스스로 생각하는 기회를 자주 제공해 주세요. 생각이 분명한 아이일수록 다른 아이의 의견에 쉽게 동요하지 않아요.

생각을 자라게 하는 방법으로 '부분 필사'를 추천합니다. 책을 읽고 기억에 남은 한 구절을 독서 기록장에 필사하고, 그에 대한 생각을 세 줄 정도 쓰는 거예요. 짧은 기록이지만, 아이의 생각은 그 과정 속에서 차곡차곡 자라납니다. 독서와 글쓰기는 결국 생각하는 아이로 자라게 해 줄 거예요.

좋은 본보기가 될 수 있는 이야기가 있습니다. 바로 공자의 독서 습관이에요. 공자가 살았던 시대에는 지금처럼 종이가 없어서 대나무에 글씨를 쓰고, 그것을 가죽끈으로 엮어 책을 만들었습니다. 이와 관련된 고사성어가 '위편삼절(韋編三絶)'*인데요, 이는 공자가 책을 너무 많이 읽어 가죽끈이 세 번이나 끊어졌다는 뜻입니다.

　공자의 '위편삼절' 이야기를 통해 우리는 배움에 대한 공자의 열정과 독서 태도를 배울 수 있습니다. 단순히 한 번 읽고 마는 것이 아니라, 반복을 통해 완전히 자기 것으로 만드는 끈기와 성실함 말이지요. 아이들에게 이런 이야기를 들려주며, 책을 깊이 읽고 스스로 생각하는 습관을 키워 주는 것은 무엇보다 값진 교육이 될 거예요.

---

* 　위(韋): 가죽, 편(編): 책을 엮은 끈, 삼(三): 세 번, 절(絶): 끊어지다

배려

계단으로 다니기 싫어요

평생 실천할 한 가지는 '서(恕)'다
-〈위령공편〉 23장

점심시간이 끝나고 10분 정도 흘렀을까요. 깁스를 한 발로 지윤이가 씩씩거리며 교실로 들어왔어요.

"안 그래도 지윤이가 자리에 없길래 찾으러 가려고 했어. 지윤이, 무슨 일 있었니?"

"교실에 올라오려고 엘리베이터를 타려는데, 아무리 기다려도 안 내려왔어요. 층마다 다 서더라고요. 한참을 기다려서 겨우 탔어요. 점심시간에 운동장에서 놀던 애들이 타고 올라가 버렸어요."

점심시간에 운동장에서 축구 시합하던 아이들이 수업 종이

울리자 급한 대로 엘리베이터를 타고 올라갔나 봐요. 지윤이의 모습을 보고는 몇몇 아이들이 움찔하거나 고개를 푹 숙였어요. 엘리베이터를 탔던 아이들인 듯했습니다.

"지윤이, 답답했겠구나. 여러분, 학교와 같이 낮은 건물에 설치된 엘리베이터는 몸이 불편한 친구를 위한 시설이에요. 특별한 경우가 아니라면, 몸이 불편한 친구에게 양보해 주세요. 2층, 3층 정도는 충분히 걸어 다닐 수 있어요. 건강에도 좋고요."

"불공평해요, 선생님. 왜 몸이 불편한 친구만 엘리베이터를 탈 수 있어요? 학교는 모두의 공간이잖아요. 역차별 아닌가요?"

말이 끝나기 무섭게 현우가 항의했어요. 움찔하던 아이 중 한 명이었지요. 지난 사회 시간에 배운 '역차별'까지 떠올린 걸 보면, 쉽게 엘리베이터 이용을 멈출 것 같지 않습니다.

"계단 오르는 게 불편했나 보구나. 충분히 현우처럼 생각할 수 있어. 학교 밖 대부분의 건물에는 엘리베이터가 설치되어 있으니까. 하지만 학교 건물은 낮아서 엘리베이터를 타지 않아도 통행에 큰 불편함은 없단다. 충분히 걸어서 올라갈 수 있으니까.

그런데 왜 굳이 엘리베이터를 두었을까? 통행이 불편하거나 계단을 이용하기 힘든 친구를 위해서란다. 과연 이게 차별일까?

달리기 시합으로 생각해 보면 어떨까? 출발선이 있다고 해.

공정한 시합을 위해 꼭 필요하겠지. 그런데 선수 중 한 명이 다리를 다쳤다면 같은 출발선에서 시작해도 될까? 제대로 된 경쟁을 할 수 없을 거야. 같은 출발선이 오히려 불공평해 보여. 다친 선수가 다 낫고 나서 뛸 수 있도록 경기를 다음으로 미루거나 하는 조치가 필요할 수도 있어. 다친 선수를 배려할 때라야 비로소 공정한 경기를 펼칠 수 있단다.

그렇다면 배려는 어떤 마음일 때 실천할 수 있을까? 논어 속에 배려를 실천한 구절이 있단다.

공자 제자 자공이 물었다.
"평생 실천할 만한 한 가지는 무엇입니까?"
"'서(恕)'일 것이다."

-〈위령공편〉 23장

공자 제자 자공이 공자에게 평생 실천할 한 가지를 물었는데, 공자는 '서(恕)'를 말씀하셨어. '서'라는 말이 어렵게 느껴질 거야. 한자 그대로 글자를 풀이하면 뜻을 알 수 있어. '같다[如]'와 '마음[心]'이 합해졌지? '마음이 같다'는 뜻이야. 내 마음과 너의 마음을 같이 생각한다는 의미를 지닌 글자야. 상대의 마음을 내 마음처럼 헤아린다는 뜻이 담긴 글자란다.

그렇게 하려면 먼저 상대의 마음을 헤아릴 수 있어야겠지?

상대의 입장이 되어 생각해 보면 쉽게 알 수 있단다. 상대의 마음을 헤아릴 때 우리는 '배려'를 실천할 수 있어. 입장 바꾸어 생각하기, 역지사지라는 말과 뜻이 통하지?

엘리베이터 이용도 '서'의 마음으로 생각해 보면 어떨까. 다리가 불편하지 않은 나는 계단으로도 충분히 갈 수 있지만, 다리가 불편한 친구는 엘리베이터가 아니면 교실로 갈 방법이 없을 거야. 이때 친구의 마음이 되어 본다면, 엘리베이터 양보는 어려운 일이 아니야.

현우가 언제든 두 다리로 걸을 수 있듯이 다리가 불편한 친구도 언제든 움직일 수 있도록 엘리베이터가 준비되어 있어야 불편하지 않겠지? 당장 내 눈앞에 엘리베이터가 멈춰 있더라도 이용을 자제해야 하는 이유야.

우리 주변에도 '서'를 실천한 경우가 많단다. 버스나 지하철을 타면 노약자석을 봤을 거야. 어르신들을 위한 자리야. 어르신들은 조금만 서 있어도 많이 힘드셔. 그런 어르신들의 마음을 내 마음처럼 생각해 보면 노약자석을 언제든 비워 둬야겠다는 마음이 저절로 생긴단다.

무엇보다 너희들도 사회에서 배려받고 있단다. 학교 주변만 해도 어린이 보호 구역으로 지정되어 있어서 차들이 천천히 달려야 해. 신체적으로 아직 대처가 힘든 너희를 보호하고 배려하기 위한 법이란다.

오늘 엘리베이터를 탄 친구들도 배려의 마음인 '서'를 몰랐던 건 아닐 거야. 점심시간이 끝나서 빨리 교실로 가야겠다는 마음이 앞서서 미처 생각하지 못했던 거지.

내 사정이 급하면 주위를 돌아볼 여유를 잃게 된단다. 그래서 평소에 배려의 마음인 '서'를 마음속에 간직하는 것이 중요해. 우리가 도덕 시간에 배려를 배우는 이유도 같은 맥락이야.

오늘 저녁에는 상대의 입장이 되어 헤아려 보는 '서'를 실천하는 방법을 일기에 써 보는 건 어떨까?"

부모 처방전

생활 속 배려 실천하기

몇 해 전까지만 해도 대학수학능력시험 면접 자기소개서에 '배려'를 실천한 경험을 쓰는 항목이 있었어요. 평가 문항에 '배려의 경험'을 묻는 것만으로도 배려라는 가치가 얼마나 중요한지 짐작할 수 있지요.

아이와 함께 생활 속에서 실천할 수 있는 배려 항목을 만들어 보세요. 아이는 배려를 할 줄 몰라서 하지 않는 것이 아니라, 몰라서 못하는 것일 수 있어요. 예를 들어 보겠습니다.

1. 엄마(아빠)가 요리하실 때

* '서(恕)'로 마음 헤아려 보기: 내가 만약 혼자 요리를 다 하려면 얼마나 힘들까. 엄마(아빠)도 혼자 하시기 힘드실 거야. 우리 가족을 위해 애쓰시는데 내가 도와드려야겠다.
* 배려 실천하기: 엄마(아빠)가 식사 준비하실 때 수저를 챙겨 드려야겠다.

2. 주번인 친구가 아플 때

* '서(恕)'로 마음 헤아려 보기: 나도 아팠을 땐 그 무엇도 하기 힘들었어. 친구도 그런 마음일 거야.
* 배려 실천하기: 아픈 친구를 도와줘야겠다.

약속

괜찮아요.
지각해도 안 혼나요

사람이 신뢰가 없으면 그의 쓸모를 알지 못하겠다
–〈위정편〉 22장

헐레벌떡 현진이가 교실로 뛰어들어 왔어요. 오늘도 2분 지각입니다.

"현진이, 오늘도 늦잠 잤구나. 내일은 지각하지 말고 일찍 오렴."

"죄송합니다. 내일은 일찍 일어날게요. 그런데 선생님, 정말 궁금해서 물어보는데요. 왜 지각하면 안 돼요? 지각한다고 다른 사람에게 피해를 주는 것도 아니고요."

현진이는 지각을 안 하겠다고 다짐하면서도, 왜 지각을 하면 안 되는지 의아했나 봐요. 그도 그럴 것이 지각했다고 해서 당장 눈앞에 나타나는 큰 문제도 없으니까요. 무턱대고 지키라고만 했으니 의문을 가지는 건 당연해요.

"현진이 오늘 학교 앞 횡단보도를 건넜을 거야. 초록 신호에는 건너고, 빨간 신호에는 멈췄을 거고. 신호는 우리 사회에서 정한 약속이야. 그런데 이 약속을 어기면 어떻게 될까? 도로가 엉망이 될 거야. 교통사고도 날 수 있고. 질서 있고 안전한 생활을 위해서 약속은 꼭 지켜야 한단다. 교실 속 약속도 마찬가지야. 수업과 쉬는 시간이 정해져 있어. 만약 매일 수업 시간이 다르면 어떨까. 1교시는 언제부터인지, 점심은 언제 먹을지 혼란스러울 거야. 무엇보다 약속을 지키지 않고 제멋대로 하는 친구를 보면 어떨까? 아무리 능력이 뛰어나더라도 중요한 일을 믿고 맡기기 어려울 거야. 논어에도 이런 말이 있어.

사람이 신뢰가 없으면 그의 쓸모를 알지 못하겠다. 큰 수레에 수레와 소를 맬 수 있는 이음새가 없고, 작은 수레와 말을 걸 수 있는 멍에가 없으면 어떻게 길을 갈 수 있겠는가.

-〈위정편〉 22장

논어 속 공자가 살던 시대에는 큰 수레는 소와 연결하고 작은 수레는 말과 연결해서 움직였어. 이때 수레와 동물 사이를 연결하는 연결고리가 반드시 있어야 했지. 아무리 힘 좋고 잘

달리는 소나 말이 있어도 수레와 연결하지 못하면 쓸모가 없으니까.

이 수레와 동물을 연결하는 연결고리처럼 사람 사이에도 연결고리가 있단다. 공자는 그것을 '신뢰'라고 보셨어. 신뢰가 없는 사람은 쓸모가 없다고 보신 거야.

신뢰라는 말이 좀 어렵지? 양치기 소년 이야기 기억할 거야. 마을에 늑대가 나타났다며 거짓말을 한 양치기 소년 말이야. 처음에는 마을 사람들이 믿었지만, 계속된 거짓말에 더 이상 양치기 소년의 말을 믿지 않게 됐어. 결국 진짜 늑대가 나타났을 때 아무도 대처하지 못했어. 양치기 소년의 반복된 거짓말처럼 약속을 지키지 않으면 신뢰를 잃게 돼.

현진이 지각도 마찬가지란다. 지각은 우리끼리 정한 시간 약속을 어긴 셈이지. 사실 어긴다고 해서 당장 큰 문제가 생기지는 않아. 하지만 점점 신뢰를 잃게 된단다. 양치기 소년처럼 아무도 자신을 믿어 주지 않게 돼. 논어 속 사람 사이의 연결고리를 잃게 되는 거지. 우리가 정한 약속, 곧 규칙을 지켜야 하는 가장 큰 이유란다."

부모 처방전

작은 것들의 가치와 이것이 만드는 큰 차이

어린 시절에 만든 작은 차이는 어른이 되면 따라갈 수 없는 큰 차이를 만들어 버리지요. 1분, 2분 지각도 미미한 시간이에요. 그런데 이 시간들이 쌓이면 어떻게 될까요. 어른이 되어서는 2만 시간, 3만 시간이 되어 아주 큰 시간이 되지요.

아침에 일어나기 힘든 아이라면 아침 루틴을 만들어 주세요. 일어나자마자 해야 할 일, 다음 해야 할 일을 정해 주는 거예요. 루틴이 습관화되면 오히려 시간에 쫓기지 않고 여유 있게 활용할 수 있을 거예요. 아래와 같은 도구들을 활용하면 더 쉽게 루틴을 생활 속에 정착시킬 수 있습니다.

1. 초등 저학년: 체크리스트
간단한 항목을 하루 일과로 정리해 아이가 하나씩 완료할 때마다 체크하게 해 주세요.

순서	할 일	완료
1	기상하기	☐
2	이 닦기	☐
3	교과서 챙기기	☐
4	5분 책 읽기	☐

완료할 때마다 체크하면서 성취감을 느끼고 루틴을 자연스럽게 익힐 수 있어요.

2. 초등 고학년: 플래너
시간별로 계획을 세워 실천해 보는 연습이 필요해요.

시간	할 일	완료
07:00	기상하기	☐
07:10 ~ 07:30	아침 식사 및 정리	☐
07:30 ~ 07:50	단어 암기	☐
08:00	학교 등교	☐

자신의 일정을 스스로 조절하는 능력을 기르면서 자기 주도성을 키울 수 있어요.

용기

학교 폭력 멈춰

자신이 바라지 않는 것을 남에게 행하지 말라
-〈안연편〉 2장 /〈위령공편〉 23장

"더는 못 참겠어요."

어두운 표정의 재윤이가 어렵게 말을 꺼냈어요.

"성훈이가 자꾸만 툭툭 치면서 말해요. 성훈이는 원래 장난이 심해요. 악의로 그런 게 아니라는 건 알아요. 그런데 자꾸만 짜증이 나요. 괜히 화내면 저만 쪼잔이 같고요. 하지만 잘못된 행동이라는 건 알았으면 좋겠어요."

재윤이와 성훈이는 절친입니다. 그런데 성훈이가 장난이라며 재윤이를 계속 툭툭 쳤던 거예요. 하지 말라고도 해봤지만 달라진 게 없어서 내게 찾아왔어요.

"용기 내기 쉽지 않았을 텐데, 찾아와 줘서 고마워. 아무리 친구 사이라도 예의는 필요한 법이란다. 네가 화나는 건 당연한 거야. 그건 속이 좁은 게 아니란다. 어쩌면 성훈이는 자신의 행동이 옳지 않다는 걸 전혀 인지하지 못했을 수도 있어. 성훈이를 위해서라도 꼭 알려야 할 일이란다."

친한 사이라서 더 말하기 어려웠을 거예요. 성훈이를 불러서 재윤이의 마음을 전했습니다.

"재윤이가 괴로워하고 있을 줄 전혀 몰랐어요. 재윤이를 얼마나 좋아하는데요. 당장이라도 사과하고 싶어요."

"성훈아, 재윤이가 한참을 망설였다가 말했단다. 친구니까. 그 어떤 경우라도 친구 몸에 손을 대는 건 안 돼. 무심코 던진 돌에 개구리는 맞아 죽을 수 있다는 말도 있잖니? 아무렇지 않게 한 일이 다른 사람에게 큰 상처가 될 수 있어. 논어에 이런 말이 있단다.

자신이 바라지 않는 것을 남에게 행하지 말라.
―〈안연편〉 2장 / 〈위령공편〉 23장

논어에서 공자가 강조한 사상 기억하니? '인(仁)'과 '서(恕)'였지? 인은 사랑의 마음, 서는 내 마음처럼 남을 헤아리는 배려의 마음이라고 배웠어. 사랑하는 마음[仁]을 표현하는 방법이 배려[恕]가 아닐까?

이 구절은 '서'를 실천하는 방법이란다. 내 마음같이 상대의 마음을 헤아리는 구체적인 방법이야. 공자는 자신이 하기 싫은 일을 남에게 시키지 말라고 하셨어.

행동할 때는 상대방의 입장에서 생각하는 연습을 해야 한단다. 어떤 행동을 하기 전에 스스로 물어보는 거지. '내가 겪으면 내 마음은 어떨까?'라고. 내가 싫은 건 남도 싫은 법이란다. 때리는 것만이 폭력이 아니란다. 상대방이 괴로움을 느끼는 순간, 폭력이 성립되는 거야.

무엇보다 가까운 사이일수록 상대에게 상처 입히기가 쉬워. 친하다고 나도 모르게 함부로 행동할 수 있거든. 가까운 사이일수록 더욱 예의를 지켜야 한단다. 특히 가족과 친구에게 말이야. 공자가 말한 인과 서를 잊지 않으면 돼."

부모 처방전

사과는 주는 게 아니라 받는 거야

학기 초가 되면 아이들과 TV 프로그램 〈어쩌다 어른〉 손경이 강사 편 '진정한 사과와 용서'를 봅니다. 폭력을 겪은 아이의 마음을 알 수 있는 영상이거든요.

초등학생 아이가 수학여행 중 겪은 이야기인데, 강사님께 용기 내서 말했다고 해요. 여행에서 같은 반 아이들이 자신의 바지를 벗겨 중요 부위 사진을 찍고는 재밌다고 즐거워했대요. 여학생들은 비명을 질렀고요. 소리를 듣고 달려온 선생님은 바지를 벗긴 아이와 피해 아이를 불러 그 자리에서 화해를 시키셨고요. 그렇게 그 일은 아이들에게서 잊혀져 갔어요.

하지만 아이의 괴로움은 계속되었어요. 매일 밤, 잠을 잘 때마다 바지를 꼭 붙들고 잤다고 해요. 누군가 바지를 벗길까 봐서요. 아이가 얼마나 힘들었을까요? 아이는 결단을 내립니다. 용기 내어 친구들 앞에서 말하지요.

"사과란 주는 게 아니라 받는 거야. 그런데 나는 사과를 받은 적이 없어."

바지를 내린 아이는 무릎을 꿇고 용서를 빌었고요. 아이의 마음을 헤아리지 않고 사과부터 시킨 담임 선생님은 미안한 마음에 눈물을 흘리며 사과를 하셨다고 해요. 그리고 나머지 아이들에게도 말합니다.

"그 자리에 있었던 모두 가해자야. 친구는 어려울 때 도와주는 거야."

그중에 사진을 찍지 말라며 용기 내어 소리친 두 명의 친구를 가리키며 말합니다. 진정한 사과와 친구, 그리고 폭력에 대해서 생각하게 하는 영상이에요.

이 이야기는 학급의 모든 구성원에게 가르침을 주지요. 잘못을 한 아이에게는 사과할 수 있는 용기를, 상처를 입은 아이에게는 자신의 피해를 숨기지 않고 당당히 말할 수 있는 용기를, 그리고 주변 아이들에게는 괴롭힘 당하는 친구를 위해 멈추라고 외칠 수 있는 용기를요. 마지막으로 선생님에게도 아이의 상처를 바로 알고, 즉시 사과하는 용기까지도요.

구성원 모두 용기의 덕목을 가질 때, 학교 폭력은 멈추게 될 거예요.

경쟁

옆 반과 축구 시합을 했어요

내려와서는 벌주를 마시니 다투는 모습도 군자답다
−〈팔일편〉 7장

"진도가 안 바쁘시면 시간 좀 주시면 안 될까요? 작전 짤 시간이 필요해요. 허락해 주세요, 선생님."

수업을 시작하려는데 재현이가 작전 짤 시간을 요청했어요. 오늘 점심시간에 반별 축구 리그전이 열리거든요. 의논할 게 있는 모양이에요. 목소리가 얼마나 비장하던지 허락하지 않을 수 없었지요.

허락하기 무섭게 몇몇 아이들이 앞으로 나왔어요. 감독도 있고, 코치도 있고, 응원단장도 있더군요. 시합을 준비하는 아이들 모습이 사뭇 진지했습니다.

"민환이는 옆 반 애가 공을 잡을 때 무조건 다리 걸어 버려. 살짝 밀어도 아무도 몰라."

"좋아. 심판하는 친구가 작년 우리 반이었어. 내가 말해 둘게. 웬만하면 그냥 넘어가 달라고."

"누구라도 넘어지면 할리우드 액션은 기본이야. 무조건 반칙 선언을 받아내야 해."

작전인지, 모략인지 모를 아이들의 모습에 경기를 시작하기도 전부터 걱정이 앞섰어요. 선생님이 개입하지 않을 수 없었습니다. 아이들에겐 어떤 가치가 필요한 걸까요? 논어의 지혜를 들려줍니다.

"단원 평가가 끝나면 너희들이 우스갯소리로 올림픽 정신으로 시험 쳤다고 할 때 있지? 참여하는 데 의미를 뒀다면서 말이야. 올림픽 정신, 많이 들어 봤을 거야. 올림픽의 근본 목적은 승리가 아닌 전 세계 사람들이 우정을 나누고 화합하는 데 있단다. 전 세계인의 축제라고도 하지. 그러기 위해서는 정정당당하게 겨루겠다는 태도가 우선되어야 해. 스포츠의 진정한 의미가 아닐까.

그런데 너희들이 짜낸 작전에서는 이 정신이 보이지 않는 것 같아 안타까워. 오로지 승리에만 목표를 두고, 수단과 방법을 가리지 않는데, 승리하고 난 뒤엔 무엇이 남을까? 반칙으로 얼룩진 승리는 관중, 상대 선수들 모두 인정하지 않을 거야. 무엇보다 너희 스스로가 무척 부끄러울 거야.

  공자가 축구 경기를 한다면 어떤 태도로 하셨을까? 논어에는 군자가 활쏘기 경기하는 모습이 소개되어 있단다.

군자는 다투는 일이 없지만 한 가지 있다면 그것은 활쏘기다. 절하고 사양하며 활 쏘는 자리에 오르고, 내려와서는 벌주를 마시니 그 다투는 모습도 군자답다.

-〈팔일편〉 7장

  활쏘기 경기 모습을 나타낸 구절이야. 경기 시작 전엔 서로에게 절하며 활 쏘는 자리에 오르는 모습이 인상적이야. 상대 선수와 관중에게 예의를 갖추는 모습이란다. 공정한 경기를 하겠다는 다짐이 느껴지지 않니?

  경기가 끝난 후에도 예의를 잃지 않는단다. 경기에서 졌을 땐 내려와서 벌주를 마시지? 겸허히 결과를 받아들인다는 뜻이야. 아쉬워하거나 분노하는 마음보다 겸손하고 공손한 마음이 느껴져.

  활쏘기 경기를 옆에서 지켜본다면 박수를 보내지 않을 수 없을 거야. 시작부터 마칠 때까지 예의가 없는 순간이 없으니까.

  논어에서 우리는 가장 중요한 스포츠 정신을 배울 수 있어.

바로 '예의'야. 경기 매너라고 표현하지. 열심히 싸우되 예의를 잃지 않는 거야. 매너 있는 경기를 치른 두 사람 사이에 우정이 쌓이는 건 어쩌면 당연한 일 같아. 진정한 화합, 올림픽 정신이 엿보이지?"

부모 처방전

지식보다 중요한 이것

아이들의 축구전이 있던 날, 모두가 한마음이 되어 선수들을 열렬히 응원했습니다. 그 속에 문제집을 가지고 나와 공부를 하는 친구가 있었어요. 며칠 뒤 있을 단원 평가를 위해 어머니와 쉬는 시간에도 공부하기로 약속했다고 해요.

그런데 어느새 아이는 시합에 빠져 자신도 모르게 응원하고 있었어요. 문제집을 무릎 위에 펼친 채로요. 문제집은 풀어야겠고, 경기는 보고 싶고. 아이의 마음이 안타까웠지요. 경기가 무르익어 갈수록 아이는 더 열렬히 응원했고, 우리 반은 큰 승리를 거두었어요. 반 전체가 서로 부둥켜안으며 기뻐했고요. 시합 후에는 아이들 사이가 아주 끈끈해졌어요. 반을 위해 열심히 싸워 준 선수들에게, 목이 터지게 응원해 준 친구들에게 서로 고마움을 느꼈기 때문이에요.

아이는 비록 문제집을 풀지 못했지만, 그보다 훨씬 소중한 우정과 화합의 가치를 얻었어요. 혹시 우리 아이, 정말 중요한 가치를 놓치고 있는 건 아닐까요?

창의성

옛것은 왜 배워요?

> 옛것을 익히고 연구해서 새것을 안다
> -〈위정편〉 11장

"지나간 일은 도대체 왜 배우는 거예요? 왕 이름 외우는 게 힘들어요. 요즘 사람도 아닌데 왜 알아야 해요?"

조선 시대 왕의 계보를 배운 날, 지나간 역사를 왜 배우냐며 여기저기 불만이 터져 나왔어요. 지혜를 얻기 위함이라고 해도 도통 이해되지 않는다는 표정이었습니다.

며칠 후 학교는 합창제 준비로 시끌벅적했어요. 그런데 어찌된 일인지 우리 반은 조용했지요. 결국 반장 주도로 학급 회의가 열렸습니다.

"합창제 어떤 곡으로 하면 좋을지 추천받습니다."

"우리 반 전체가 아는 곡에는 무엇이 있을까? 가요? 팝송? 장르 선택부터 너무 막막하네."

아이들은 무엇을 어떻게 시작해야 할지 몰라 우왕좌왕했어요.

"작년 선배들 영상은 없어? 선배들한테 물어볼까, 어떻게 해야 하는지?"

"좋은 생각이다. 내가 영상 찾아볼게. 나 방송반이잖아. 작년에 영상 촬영해 둔 게 있어."

누군가 선배 영상을 보자며 제안했어요. 먼저 경험한 선배에게서 힌트를 얻겠다는 거예요. 덕분에 선배 영상을 한참 살펴보고는 더 멋진 공연을 기획해 냈지요. 옛것을 통해 새것을 만들어 낸 순간이었어요.

옛것을 왜 배워야 하는지, 아이들에게 논어의 지혜를 들려줍니다.

"멋진 무대를 보여 준 너희들이 정말 자랑스러워. 길잡이가 되어 준 선배들에게도 고맙고. 선배들 작품이 없었다면 어땠을까? 맨땅에 헤딩하는 기분이었을 거야. 이것이 바로 옛것을 배우는 이유 중의 하나란다. 새로운 것을 만들어 내기 위함이지.

공자가 위대한 인물이 될 수 있었던 비결도 옛것이야. 옛것을 배우려고 애쓰셨거든. 논어 구절을 한번 볼까?

옛것을 익히고 연구해서 새것을 안다면 스승이 될 수 있다.

-〈위정편〉 11장

공자와 같이 훌륭한 사람은 어떤 공부를 하셨을까. 바로 옛것. 공자는 옛것을 배우고 또 배우셨단다. 공자에게 훌륭한 옛것은 주나라였어. 특히 주나라의 주공을 존경하고 배우려고 했어. 주공은 주나라의 예와 음악을 정비한 훌륭한 인물이야. 주나라를 찬양하는 논어 구절도 있단다.

주나라는 하나라와 은나라 두 왕조를 본떴으되 문물제도가 찬란하구나. 나는 주나라를 따르겠다.

-〈팔일편〉 14장

공자는 더 나은 미래를 바랄수록 과거를 배우려고 하셨단다. 선배 영상을 보며 훌륭한 무대를 만들어 냈듯이 과거는 현재를 살아가는 지혜가 될 거야. 그런 과거를 낡은 것이라고 마냥 내버려두어서는 안 되겠지? '온고지신(溫故知新)'*이라는 말이 있지? '옛것을 익혀서 새것을 배운다'는 뜻이야. 완전 새로운 것은 없단다. 과거를 통해 새것을 만들어 내는 거지.

---

* 溫: 익힐 온, 故: 옛 고, 知: 알 지, 新: 새 신

옛사람의 지혜를 통해 만들어 낸 발명품도 많아.

역사는 돌고 돈다는 말을 들어 봤을 거야. 지나간 역사가 다시 돌아온다면 앞으로 다가올 미래를 예측하는 큰 힌트가 되지 않을까. 옛것은 낡았다며 배우지 않을 게 아니라, 새로움을 위해 더 열심히 배워야 하는 거야."

부모 처방전

부모의 모습은 아이들에게 지혜가 되지요

옛것을 익혀 새것을 안다는 뜻의 한자성어 '온고지신'이 앞의 논어 구절에서 유래되었습니다. 성어의 뜻처럼 옛것을 무시하고는 더 나은 새것을 탄생시킬 수 없어요.

옛것을 배우려면 옛것을 따라 해 보는 것, 모방의 과정이 따르지요. 모방을 통해 내 생각이 보태지면 비로소 나만의 것이 만들어져요.

모방은 교육 이론에도 등장해요. 대상을 관찰하고 모방을 통해 학습이 일어난다고 봤어요. '관찰 학습'이라고 불려요. 그만큼 관찰 대상이 중요하겠지요.

아이들도 관찰 학습을 통해 학습이 일어납니다. 아이들이 바라보며 관찰하는 대상은 누굴까요. 바로 부모님이에요. 가장 많이, 가장 먼저 접하는 대상이에요. 아이들은 부모님이 보여 주는 삶에 대한 자세와 태도를 관찰하여 학습하는 거지요.

아이들에게 어떤 모습을 보여 주고 계시나요? 우리 아이는 어떤 모습을 관찰하며 모방하고 있을까요. 아이들의 미래가 되어 주세요.

정의

나도 모르게 친구 물건을 들고 갔어요

이득될 일을 보면 의로운가를 생각한다
–〈자장편〉 1장

재은이 물건이 모두 꺼내져 있어요. 물건을 찾고 있나 봐요. 울음을 터트릴 것 같은 얼굴이에요.

"교과서가 없어졌어요. 아침까지는 있었어요. 학교 오자마자 교과서부터 챙겼거든요. 오늘 교과서 숙제 검사하니까요."

아이는 단순히 잃어버린 게 아니라고 생각했어요. 교과서 검사가 있는 날이거든요. 누군가가 가져갔을지도 모른다며 의심했어요. 돌려주는 걸 깜박했을 거라며 안심시켜 보지만 끝내 찾지 못한 채 집으로 돌아갔지요. 그런데 웬일인지 민정이가 집으로 가지 않고 머뭇거리네요. 할 말이 있는 눈치예요.

"재은이 교과서요. 제가 그랬어요. 교과서 숙제 검사한다는 걸 깜박 잊어버리곤 학교 와서 알았는데, 마침 사물함 위에 교과서가 있었어요. 제 것처럼 가져가 버렸어요. 그런데 찔려서 검사받지 못했어요. 종일 가슴이 두근거렸거든요. 애들이 알게 될까 봐 무섭기도 했어요."

아이는 눈물을 터트렸어요. 들통날까 봐 얼마나 마음 졸였을까요? 숙제를 안 해 와서 당황하던 찰나 재은이 교과서가 눈에 띄었나 봐요. 순간 판단력을 잃었던 거지요. 검사받겠다는 마음만 앞섰으니까요. 아이 마음은 이해하지만 남의 물건에 손을 댄 건 반드시 지도가 필요해요. 논어의 지혜를 들려줍니다.

"용기 내기 쉽지 않았을 텐데, 솔직하게 말해 줘서 고마워. 숙제를 안 해 왔다고 말하기가 힘들었구나. 사람은 누구나 실수한단다. 실수는 문제가 되지 않아. 실수를 인정하고 같은 실수를 반복하지 않도록 노력하는 게 중요하지.

그런데 오늘 민정이는 숙제를 깜박한 실수를 덮으려는 마음만 앞섰던 거야. 그래서 사물함 위에 놓여 있던 교과서를 가져오게 된 거고. 민정이 마음을 모르는 건 아니란다. 하지만 다른 사람 물건에 손을 대는 건 절대 해서는 안 될 일이야. 사물함 위 교과서를 봤을 때 한 번 더 생각했으면 어땠을까 하는 아쉬움이 들어.

논어에 이런 구절이 있단다.

선비가 위태로운 일을 보면 목숨을 바치고, 이득될 일을 보면 의로운 일인가를 생각한다.

-〈자장편〉1장

  선비는 논어 속 군자와 같이 훌륭한 사람으로 생각하면 돼. 이득을 얻게 될 때 선비의 태도를 살펴볼까? 의로움을 먼저 생각하셨어. 정당한지 아닌지를 먼저 따지셨지.
  누군가가 예쁜 필통을 준다고 생각해 볼까? 너무 갖고 싶었던 거야. 그런데 무턱대고 받아도 될까? 논어에선 이득을 보면 의로움을 따지라고 하셨지? 어떤 물건인지를 따져 봐야 한단다. 훔친 물건일 수도 있고, 다른 의도가 있을 수도 있으니까.
  오늘 교과서 일도 마찬가지란다. 교과서를 본 순간, 가져가는 일이 의로운 건지 아닌지를 먼저 생각해 봐야 해. 무언가를 가지려고 할 때, 반드시 옳고 그름을 판단해야 한단다. 내일 선생님과 함께 재은이에게 지금처럼 솔직하게 고백하고 용서를 구하자."

부모 처방전

질투를 느끼는 우리 아이

질투는 나도 원할 때 생기는 감정이에요. 그 감정으로 상대를 미워하기보다 오히려 상대를 배울 수 있도록 알려 주세요. 그러려면 먼저 인정하는 마음이 필요하지요. 부족함을 인정할 때 질투의 감정에서 배움의 감정으로 나아갈 수 있어요.

'벤치마킹'*이라는 말도 있잖아요. 나보다 잘하는 사람을 보고 배우는 일만큼 아이를 성장시키는 좋은 방법은 또 없어요. 질투를 느끼는 아이가 있다면, 그 아이의 어떤 부분이 좋아 보이는지 함께 이야기 나누며 같이 채워 나가는 시간을 가져 보세요.

---

* 벤치마킹(Benchmarking): 다른 개인이나 조직의 우수한 사례를 분석하고 참고하여, 자신의 성과를 개선하거나 발전시키는 전략을 말합니다.

4장__도약편

우리 아이 품격, 논어로 완성하다

공자는 앎의 단계를
'아는 것', '좋아하는 것', '즐기는 것'으로 보았단다.
승부도 아니고, 남에게 잘 보이려는 것도 아니고
그 자체가 재미있어서 하는 사람은 어떨까?
그만두고 싶어도 그만둘 수 없는 경지,
바로 즐기는 경지란다. 즐기는 건 앎의 최고 경지야.

관계

사람의 마음을 얻는 치트키

> 덕이 있는 사람은 반드시 이웃이 있다
> -〈이인편〉 25장

"친구들이 선물을 좋아할까요? 싫어하면 어떡하죠? 저도 친구를 만들고 싶어요, 선생님."

"좋아하고말고, 재훈이 선물 받는 친구는 얼마나 좋을까?"

진지한 표정으로 재훈이가 물었습니다. 다가가려고 해도 시큰둥한 아이들 반응에 고민이었던 아이. 친구를 사귀고 싶어서 선물을 준비했나 봐요. 그런데 선물을 받은 친구들이 마냥 기뻐하지는 않았어요. 생각만큼 친구 만들기가 쉽지 않은 모양이에요. 재훈이가 많이 속상할 텐데 어떻게 도와줘야 할지 고민입니다.

다음 날 쉬는 시간, 재훈이가 다급하게 달려왔어요.

"선생님, 신고할 게 있어요. 은정이가 바닥에 지우개 가루를 버렸고요, 민준이는 수업 시간에 뒤돌아봤고요, 보람이는 식당에서 떠들었어요. 절대 봐주시면 안 돼요. 혼내 주세요."

재훈이는 규칙을 어기거나 양심에 어긋나는 행동을 보면 그냥 지나치지 못하고 시시콜콜하게 나에게 알렸어요. 어떤 날은 신고당한 아이와 큰 싸움이 날 뻔하기도 했습니다. 아이들이 재훈이에게 고자질쟁이라고 놀려서 갈등을 겪은 일도 있었고요. 아이들이 재훈이를 점점 피하는 게 눈에 보였지요.

"재훈아, 선생님께 알려 줘서 고마워. 그런데 친구들 지도는 선생님 역할이야. 선생님이 잘 살필 테니 신경 쓰지 말고 재훈이도 쉬는 시간에 친구들과 신나게 놀거나 다음 수업 준비하자."

"네, 선생님. 하지만 규칙을 어기는 건 잘못된 거잖아요. 가만두면 안 돼요. 혼내 줘야 해요."

재훈이는 절친을 만들 수 있을까요? 아이에게 논어의 지혜를 들려줍니다.

"재훈아, 논어에 이런 말이 있단다.

덕이 있는 사람은 외롭지 않으니 반드시 이웃이 있다.

-〈이인편〉 25장

사람은 누구나 실수하게 마련이란다. 큰 문제가 생기는 실수도 있을 테지만 별일 아닌 작은 실수도 있을 거야. 큰 실수라면 상대에게 알려서 더 큰일을 막을 수 있지만 작은 실수는 들춰내면 민망한 마음이 든단다. 급기야는 그 사람을 멀리하고 싶은 마음이 들지. 실수를 숨기고 싶은데 자꾸만 들춰내니 말이야.

그렇다고 잘못을 무조건 덮으라는 말은 아니야. 작은 실수는 기회를 더 주는 거야. 너그럽게 이해해 주는 거지. 그 너그러운 마음이 바로 '덕'이란다.

큰 잘못은 반드시 선생님께 알려야 해. 대신, 알리는 그 마음이 중요하단다. 상대가 혼나기를 바라는 마음인 건지, 상대를 걱정하는 마음인 건지…. 친구를 걱정하는 마음으로 알린다면, 그 마음 역시 '덕'이야. 상대를 생각하는 마음이니까. 작은 실수든 큰 실수든 상대 입장에서 생각하는 덕을 베푼다면 자신의 잘못이 알려진다 해도 친구들이 기분 나빠하지 않을 거야.

덕이 있는 사람 곁에는 늘 많은 사람이 따른단다. 논어에도, 덕이 있는 사람은 반드시 이웃이 있다고 했어. 덕은 착한 마음이라고 생각하면 가장 이해하기 쉬울 거야. 상대를 배려하고, 존중하고, 이해하는 것과 같은 마음이야.

마음은 표현해야 알 수 있지? 덕도 마찬가지로 표현해야 하는 거란다. '덕을 베푼다'라고 하지? 공자는 덕을 베풀면 반드시 이웃이 있다고 하셨어. 따르는 사람이 많다는 뜻이야.

외적인 선물보다는 내면의 덕을 베풀 때 친구 마음이 움직일 거야. 물질보다 마음인 거지."

부모 처방전

고자질하는 아이, 어떻게 해야 할까요?

'고자질'을 사전에서 찾아보면 "남의 잘못 따위를 일러바치는 것"이라고 되어 있어요.

고자질을 어떤 마음에서 하는 건지 생각해 보는 게 중요합니다. 상대방을 난처하게 하려는 의도에서인지, 상대방이 걱정되어서인지를요.

아이가 고자질을 할 때 어른의 반응도 중요합니다. 아이의 도덕성을 위해 작은 실수에 대한 고자질이라도 크게 반응하며 들어 주는 경우가 있습니다. 그러면 아이는 자신이 큰일을 해냈다는 인정 욕구를 채우게 될 거예요. 다른 사람의 실수를 더 많이 찾아내려고 할 거예요.

작은 실수를 고자질해 올 때는 '그 정도쯤은 괜찮다'며 알려 주는 것도 필요합니다.

나눔

도와줄수록 성적이 오른다고?

어진 사람은 남을 세워 주고, 남을 달성하게 한다
-〈옹야편〉 28장

"모둠 활동 안 하면 안 돼요? 시간 아까워요. 저에게는 도움 되는 게 없어요. 매번 저만 가르쳐 줘야 해요. 그 시간에 제 공부 할래요."

모둠 활동을 하지 않겠다며, 불만 가득한 목소리로 종훈이가 말했어요. 그도 그럴 것이 공부를 잘하는 종훈이는 가르쳐 주는 역할만 해 왔거든요. 시간 낭비라는 아이 말에 난감했습니다.

며칠 후 단원 평가가 끝나고 종훈이가 울면서 찾아왔어요.

"하늘은 참 불공평해요. 준민이는 놀 거 다 노는데 또 만점이에요. 저는 아무리 공부해도 조금씩 틀려요. 억울해요. 공부 시간이 부족한 것 같아요. 모둠 활동 안 하고 문제집 풀게 해 주세요."

모둠 활동이 시간 낭비라고 했던 이유를 알았어요. 성적 때문이었습니다. 한두 개 틀린 원인을 공부 시간 부족으로 생각했나 봐요. 그런데 제가 보기에는 공부 시간이 부족해 보이지는 않았거든요. 쉬는 시간에도 문제를 풀던 종훈이였으니까요. 공부 방법에 문제가 있었던 걸까요?

종훈이 평가지를 살펴봤습니다. 꼼꼼하게 풀지 않고 넘어간 것도 보이고, 풀다가 그만둔 문제도 있었어요. 정확하게 풀이하지 않은 걸 보니, 이해보다는 공부 분량에만 집중해서 공부했던 거예요. 종훈이 공부는 어떤 점을 보충하면 좋을까요? 정훈이에게 논어의 지혜를 들려줍니다.

"종훈이가 성적으로 고민이 많았구나. 하는 만큼 점수가 안 나와서 속상했겠다. 모둠 활동이 힘들었던 마음도 충분히 이해된단다. 가르치는 역할만 했으니 시간 낭비라고 느낄 만해.

열심히 공부해도 꼭 몇 개씩 틀린 이유가 무엇일까. 내용을 완벽하게 이해하지 않고 넘어갔기 때문이야. 분량에 집중한 나머지 곰곰이 생각하는 과정이 부족했던 거지. 종훈이에게는 완벽하게 이해하고 넘어가는 공부 습관이 필요해 보여. 놀랍게도 이 습관은 모둠 활동에서 해결할 수 있단다.

종훈이 평가 점수를 살펴보니까 모둠 활동 단원은 만점이더라고. 왜 그런 걸까. 설명할 기회를 얻었기 때문이었어. 시간 낭비인 줄 알았던 가르치는 역할이 오히려 종훈이에게는 도움이 되었던 거지. 친구에게 설명하려면 나부터 먼저 내용을 완벽히 이해해야 한단다. 내가 이해하지 못하는데 상대방을 이해시킬 수는 없어.

설명하다 보면 막히는 부분도 생길 거야. 그러면 내가 무엇을 정확하게 이해하지 못하고 있는지 확인하는 기회가 된단다. 내가 잘못 알고 있던 부분을 깨달을 수도 있어. 가르치면서 나도 같이 성장하는 거야. 친구를 위한 일이 결국 나를 위한 일이 되는 거지.

논어에도 이런 말이 있어. 남을 세워 주면 결국 내가 서게 된다는 말이지.

어진 사람은 자기가 서고 싶으면 남을 세워 주고, 자기가 달성하고 싶으면 남을 달성하게 한다.

-〈옹야편〉 28장

공자가 모둠 활동을 하셨으면 어떤 모습일까? 적극적으로 모둠원을 도와주셨을 거라는 확신이 들지? 함께 공부하고 함께하는 학교 활동은 결국 나에게도 좋은 일이란다. 모둠 활동만 봐도 어때. 친구를 도왔는데 내가 아는 내용을 확실히 더 기억하게 되고, 모르는 것도 알게 되는 기회가 될 수 있는 거니까.

남을 돕다 보면 결국 나에게 좋은 일로 돌아오게 된단다. 선조들의 지혜 중에 '적선지가 필유여경(積善之家 必有餘慶)*'이라는 말도 있어. '선을 쌓은 집에는 반드시 남은 경사가 있다'는 뜻이야. 남에게 베푼 착한 일이 나에게도 좋은 일이 되어 돌아오는 거야.

종훈이가 부러워했던 준민이도 어쩌면 공자의 말씀을 실천 중인 건 아닐까. 누구보다도 모둠 활동에 적극적이고 친구들을 잘 도와주잖아."

---

* 선을 쌓는 집안에는 반드시 남은 복이 있어 후손에게까지 이어진다는 의미입니다. 《주역》 '문언전'에 나오는 격언으로 가훈이나 묘비문에도 자주 쓰입니다. 적(積): 쌓다, 선(善): 착한 일, 가(家): 집(집안), 필(必): 반드시, 유(有): 있다, 여(餘): 남다, 경(慶): 좋은 일

부모 처방전

아무리 공부해도 꼭 몇 개씩 틀리는 아이

책상에 앉아서 공부하는 시간은 많은데 막상 평가에서는 낮은 점수를 받아 오는 아이가 있지요. 공부 내용을 완벽하게 이해하지 않고 넘어간 경우가 많아요.

이런 아이들에게는 시간이 걸리더라도 자신이 공부한 내용을 확인하는 기회를 제공하면 좋아요.

학교에서는 주로 모둠 활동을 통해 자신이 배운 내용을 누군가에게 설명하는 활동으로 확인 기회를 제공합니다. 아이들은 설명을 하기 위해서 교사에게 배운 내용을 완벽하게 이해하려고 노력하거든요. 배운 내용을 혼자서 복습하는 것보다 친구에게 설명해 보게 하는 방법은 완벽한 학습을 돕는 최고의 방법이에요. 학습 효과 피라미드에서는 말로 설명하는 방법이 가장 학습 효과가 좋다고 하지요.

가정에서는 설명할 수 있는 학습 친구가 없으니까, 칠판을 활용해 보는 것도 좋아요. 빈 칠판에 자신이 공부한 내용을 설명해 보게 하는 기회를 가지는 거지요. 점점 고학년이 되면 칠판이 아닌 빈 종이에 배운 내용을 쓰는 것으로 바꿔 가면 됩니다.

자신이 학습한 것을 설명해 보는 기회를 가지는 것, 아이의 완전 학습에 큰 도움이 될 거예요.

인정

SNS '좋아요'에
집착하지 않으려면

다른 사람이 알아주지 않음을 걱정하지 않는다
–〈학이편〉 16장

월요일 아침, 지은이가 울면서 찾아왔어요. 주말에 친구들이랑 놀러 간다면서 자랑하며 행복해했거든요. 주말 새 무슨 일이 있었나 봐요.

"주말에 친구들이랑 맛있는 거 먹으러 갔는데 애들이 화났어요. 제가 계속 핸드폰만 봤거든요."

"속상했겠구나. 핸드폰만 확인한 다른 이유라도 있었던 거니? 다시 한번 상황 설명을 해 보는 건 어때?"

"소용없어요. 충분히 화낼 만해요. 친구 이야기는 듣지 않고 SNS만 했거든요. 맛집 사진을 올렸는데 '좋아요' 개수만 살폈어요. 친구들이 화가 나서 다시는 저하고 놀러 가지 않겠대요."

갈등의 발단은 SNS였어요. 친구들과 놀러 간 맛집에서 음식 사진을 찍어 SNS에 올렸나 봅니다. 게시물만 신경 쓰다 보니 친구들과의 이야기에 집중하지 못했던 거지요. 친구들이 화가 나서 지은이랑은 놀지 않겠다고 했던 겁니다.

지은이도 스스로 잘못을 알고 있었어요. 그런데 SNS를 멈출 수 없다며 토로했어요. 게시한 사진에 '좋아요'가 적으면 게시물을 그냥 삭제해 버릴 정도래요.

그렇다고 SNS를 하지 말라고 할 수도 없는 노릇입니다. 친구들과 소통하는 공간이니까요. 지은이는 어떻게 SNS 집착에서 벗어날 수 있을까요? 아이에게 논어의 지혜를 들려줍니다.

"모처럼 친구들하고 나갔는데 그런 일을 겪어서 속상했겠다. 친구들과의 시간에 집중하지 못했던 건 진심으로 사과하면 돼. 너희들 우정이 하루 이틀로 이뤄진 게 아니니까.

사람은 누구나 인정받고 싶은 마음이 있단다. 나를 알아봐 주길 바라는 마음 말이지. 누군가가 보낸 '좋아요'라는 표현에 기분 좋은 건 당연한 마음이야. SNS를 하면서 인정받고 싶은 마음을 채우기도 할 거야.

문제는 다른 사람의 반응에 내 기분이 좌우될 때란다. '좋아요'가 좀 적게 달리면 어때. 친구들과의 시간이 행복하지 않았던 건 아니니까. 또 '좋아요'가 많이 달린다고 해서 더 행복했던 것만도 아닐 테고.

행복은 내 마음에서 결정되는 거지, 남이 나에게 보내는 '좋아요' 개수로 결정되는 게 아니란다. 논어에 이런 말이 있어.

다른 사람이 나를 알아주지 않음을 걱정할 것이 아니라, 내가 다른 사람을 알아보지 못할까 걱정해야 한다.

-〈학이편〉 16장

공자도 남이 나를 알아주고 말고는 중요한 게 아니라고 하셨어. 남의 마음은 그 사람의 몫이니까. 내가 바꿀 수 없는 영역이야. 남이 나를 알아주지 않는다고 걱정해도 달라지는 건 없어.

공자는 오히려 내가 남을 알아보지 못할까를 걱정하라고 하셨지. 상대가 옳고 그른지, 간사하고 정직한지 알아보는 눈 말이야. 남이 나를 어떻게 생각하는지는 중요하지 않단다.

무엇보다도 남에게 보이는 이미지에 집착하게 되면 점점 나 자신을 잃어버려. 유행에 집착하게 되지. 내 행동의 기준이 '남'에게 맞춰지게 된단다.

나 스스로 노력해도 바꿀 수 없는 것이라면, 내가 바꿀 수 있는 부분에 집중하는 게 좋지 않을까. 남이 아닌 나에게 집중하는 거지. 그래도 나는 내가 마음먹은 대로, 노력하는 대로 바꿀 수 있으니까.

내 삶의 주인은 '나'란다. SNS에 '좋아요'가 좀 덜 달리면 어때. 그때 그 순간, 내가 행복했는데."

지은이와 친구들은 이미 많은 추억을 함께한 사이였어요. 지은이는 솔직하게 자신의 잘못을 인정하고 진심으로 사과했습니다. 하루아침에 만들어진 우정이 아니니까 친구들은 이해해 주었지요.

부모 처방전

인정을 바라는 아이

학급에서 자신의 사진을 뽐내는 행사가 있었어요. 그런데 얼굴에 모자이크 처리를 하거나 머리카락으로 얼굴을 반쯤 가린 사진을 제출한 아이들이 몇 명 있었어요. 이유를 물었더니 얼굴이 못생겨서 부끄럽다는 거였습니다.

또 한 번은 누군지 알아보기 어려울 만큼 보정한 사진을 제출한 아이가 있었어요. 눈도, 코도 수정해서 누군지 알아볼 수가 없었지요. 외모에 자신 없어 하는 아이들, 보여지는 것에 과도하게 집중한 탓이에요.

SNS 사진에 집착하는 아이들도 마찬가지예요. 어떤 때는 이 아이가 맞나 싶을 정도로 보정한 사진을 게시하기도 하고, 또 어떤 때는 얼굴을 모두 가린 채 올리기도 합니다. 급기야는 자신의 진짜 얼굴을 드러내는 걸 두려워해요.

'보여지는 나'에 집중하다 보면 있는 모습 그대로가 아닌 꾸며진 내 모습만 좋은 모습이라고 생각하게 됩니다. 아이들에게 보이는 것이 전부가 아님을 일깨워 주세요. 있는 그대로의 나가 가장 아름답고 멋지다는 것을요. 외면만 화려한 게 전부가 아님을 알려 주세요. 볼품없어 보이는 음식이라도 막상 먹으면 아주 맛있을 수 있고, 또 먹음직스러운 음식이라도 막상 먹으면 맛이 없을 수 있듯이요.

보이지 않는 내면도 중요하게 생각할 수 있는 마음을 길러 주세요. 무엇보다 내 아이가 스스로 외모 자신감을 키워 나갈 수 있도록 올바른 가치관을 심어 주세요.

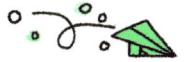

험담

남의 일을 함부로 말하면 큰코다친다

그 지위에 있지 않으면 그에 대해서 논하지 않는다
-〈태백편〉 14장

학예회 준비가 한창이던 때, 우리 반은 어떤 무대를 꾸밀지 아이들이 모여 회의를 시작했습니다. 그런데 회의 진행자인 반장이 난감해 보였습니다. 반장은 학급 아이들에게 부탁하듯 물었어요.

"이번 학예회 무대 우리 반 대표로 나갈 친구 없나요? 못해도 좋으니 자신 있게 지원해 주세요."

아이들은 눈만 끔뻑끔뻑했고 교실엔 정적만 흘렀어요. 한참이 지났을까 뒤에 앉은 수경이가 주저하며 손을 들었습니다.

"내가 노래해 볼게. 요즘 연습하고 있는 곡이 있어."

수경이의 용기 있는 지원으로 우리 반 학예회 무대가 겨우 정해졌어요. 며칠 후, 학예회 리허설이 열렸습니다.

"선생님, 저 무대 안 설 거예요. 애들이 연습 안 했냐며 비웃어요. 너무 속상해요."

수경이가 울면서 찾아왔어요. 리허설 무대에서 음 이탈이 있었나 봐요. 몇몇 아이들이 연습도 안 했냐며 무대 뒤에서 웃었던 거예요. 수경이는 크게 상처를 받았지요. 어렵게 용기를 냈는데, 무대를 포기하겠다고 할 만큼 상처받은 수경이가 안타까웠습니다. 아이들에게 어떤 지혜를 들려주어야 할까요? 수경이가 없는 시간, 아이들에게 논어 이야기를 들려주었습니다.

"사람들이 흔히 하는 실수가 있단다. 내가 겪어 보지 않은 일을 쉽게 말하는 경우야. 선생님은 너희처럼 학생일 때, 얼른 어른이 되고 싶었어. 공부를 안 해도 되는 어른이 너무 부러웠거든. 공부보다 일이 훨씬 쉬워 보였던 거지. 어른이 된 지금은 선생님을 공부시키기 위해 일을 하시던 부모님이 얼마나 힘드셨을지 깨닫게 되었단다. 겪어 보니까 알겠더라고. 공자도 말씀하셨어.

그 지위에 있지 않으면 그에 대해서 논하지 않는다.

-〈태백편〉 14장

어른이 되고 나서야 어른의 일이 힘들다는 걸 깨달았던 것처럼 아무리 쉬워 보이는 일도 직접 겪고 나면 그 일이 얼마나 힘든지 깨닫게 되는 경우가 많단다. 그렇기에 어떤 위치에서 책임지는 역할이 아니라면 그 일에 대해서 함부로 말해서는 안 돼.

축구 시합으로 생각해 볼까. 경기장에서 각자의 역할이 있잖아. 공격수, 수비수, 골키퍼가 있을 거야. 그런데 골키퍼가 공격수에게 공격 역할을 제대로 하지 못한다며 나무랄 수 있을까? 또 공격수가 수비수를 비난할 수 있을까? 아니야. 그 자리에 있지 않은 이상 함부로 말할 수 없어. 각자의 역할이 얼마나 힘든지 알기 때문이야.

세상일 가운데 쉬운 건 하나도 없단다. 너희들이 하는 일도 참 대단한 일이야. 매일 아침 학교 오는 일만 해도 보통 일이 아니란다. 종일 앉아서 공부하는 건 또 어떻고. 선생님은 다시 하라고 하면 못할 거야.

세상 모든 일의 힘듦을 깨달으면 저절로 겸손해진단다. 다른 사람의 실수에도 너그러워질 수 있어. 그 일을 하고 있는 것만으로도 대단한 거니까.

우리 반 수경이 무대도 마찬가지란다. 멀리서 바라보면 쉬워 보일 수도 있을 거야. 그런데 막상 나에게 하라고 하면 어떨까? 무대에 오르는 일부터 쉽지 않을 거야. 그 순간 깨닫게 되지. 반을 위해서 무대에 나서 주는 것만으로도 고마운 일임을.

누구나 노래할 수 있지만 아무나 무대 위에 오르지는 못한단다. 용기가 필요한 일이야. 그렇기에 다른 사람의 일에 함부로 말하기보다는 격려와 응원을 보내는 일이 중요하단다."

부모 처방전

도전이 어려운 아이들

학교 행사를 진행해 보면 자신 있게 도전하는 아이가 있는 반면 충분히 할 수 있음에도 도전을 망설이는 아이가 있어요. 그런 아이들은 대부분 '할 줄 몰라요'가 아니라 '잘 못해요'라며 도전을 거절해요. 완벽하게 잘 해내고 싶은 마음이 아이의 도전을 붙잡고 있을 테지요.

한편, 실패가 두려워서 도전조차 하지 않으려는 아이도 있어요. '이번에는 준비가 충분히 안 되어서 못 할 것 같아요'라는 말로 거절해요. 행여나 실수나 실패가 있을까 두려운 거지요. 끝내 졸업할 때까지 친구들 앞에 나서는 경험을 한 번도 해 보지 못해 안타까움을 자아내기도 합니다.

학교 행사 무대에 참여하고 나면 아이들은 많은 가치를 얻어요. 해냈다는 성취감과 자신감을요. 그 가치는 계속 도전할 수 있는 원동력이 됩니다. 한 번도 도전하지 않은 친구는 있어도 한 번만 도전한 친구는 없듯이요. 계속되는 도전을 통해 여러 가치를 내면화한 아이는 누구보다도 눈부시게 성장해요.

도전이 두려운 아이에게 작은 성공 경험과 실패 속에서 얻는 가치를 알려 주세요.

"잘했어. 너의 꾸준함 덕분에 잘 해냈구나. 너는 할 수 있을 줄 알았어."

아이가 처음으로 도전하는 작은 행동을 놓치지 말고 칭찬해 주세요. 아이가 느낀 성취감을 또 다른 도전으로 이어지게 만들어요. 그리고 실패 속에서 얻는 가치를 알려 주세요. 실패는 성공의 어머니잖아요.

"다음에는 어떤 부분을 더 채우면 좋을까? 그래도 이번 경험을 통해서 연습하면 나아진다는 걸 배웠어. 좀 더 해 보자."

무엇보다도 도전을 해내는 아이일수록 다른 사람의 실수에도 너그러운 마음을 가질 수 있어요. 내가 직접 느낀 감정이니까요.

리더

반장 그만둘래요

군자는 화합을 이루되 같아지지는 않는다
−〈자로편〉 23장

"반장 그만두고 싶어요. 더는 못 하겠어요. 아이들이 제 말을 안 들어요. 협조를 안 해 줘요."

혜은이가 어두운 표정으로 반장을 그만두겠다며 찾아왔습니다. 학급 아이들과 갈등이 있었나 봐요. 반별 연극 무대를 앞두고 서로 의견이 안 맞았던 걸까요?

혜은이가 자리로 들어가자마자 재민이가 씩씩거리며 찾아왔어요. 혜은이가 저에게 온 걸 보고 바로 쫓아온 듯했어요. 혜은이를 바라보는 눈빛에서 갈등이 있었음을 짐작할 수 있었습니다.

"반장이 친한 친구들한테만 좋은 역할을 줬어요. 친하지 않은 애들한테는 풀이랑 새, 돌 역할만 줬고요. 애들 다 열받았어요."

연극 배역을 정하는 과정에서 갈등이 있었나 봐요. 반장이 친한 친구들에게만 주인공 역할을 줬던 모양이에요. 주인공을 받지 못한 친구들은 화가 났고요. 혜은이와 다시 이야기를 나눴습니다.

"혜은아, 연극 준비로 고생 많지? 역할 배정은 어떤 방법으로 했는지 들을 수 있을까?"

"그게 사실은 지은이랑 은빈이, 현수가 주인공을 시켜 달라고 했어요. 공정하지 못한 건 알지만 부탁을 거절할 수 없었어요. 그 친구들 덕분에 제가 반장이 된 거예요. 다른 애들한테는 미안했지만 어쩔 수 없었어요."

혜은이는 자신을 반장으로 밀어준 친구의 부탁을 거절할 수 없었던 겁니다.

혜은이의 상황은 리더의 자리에서 겪을 수 있는 일이었습니다. 반장으로서의 공적인 일과 친구로서의 사적인 관계가 충돌이 일어난 거지요. 리더는 어떤 자세를 가져야 할까요? 혜은이에게 논어의 지혜를 들려줍니다.

"혜은아, 논어에는 사람과의 관계를 다룬 지혜가 많단다. 여러 사람과의 관계에서 어떤 자세를 취하면 좋을지 군자와 소인의 모습으로 비교한 구절이 있는데 한번 들어 보렴.

군자는 화합을 이루되 같아지지는 않고, 소인은 함께하지만 화합을 이루지는 못한다.

-〈자로편〉 23장

군자는 화합하고, 소인은 함께한다고 했어. 비슷한 말 같지만 완전히 다른 태도란다. 군자가 하는 화합은 말 그대로야. 융합하는 거야. 서로 다른 의견을 조화롭게 융합하는 태도지. 그러려면 어느 한 사람의 의견에 치우치거나 휩쓸려서는 안 돼. 스스로가 분명하고 공정한 기준을 가지고 있어야 한단다. 나의 중심을 잃지 않기에 다른 사람과 화합하더라도 같아지지는 않아.

소인의 태도는 어떨까. 함께하지만 화합을 이루지 못한다고 했어. 언뜻 들어서는 좋은 말 같지? 아주 경계해야 할 태도란다. 화합하지 않고 함께한다는 것은 다른 사람의 의견에 무조건 따르는 태도를 말하거든. 나만의 기준 없이 상대방을 맹목적으로 따른다면 자칫 공정함을 잃기 쉬워질 수 있어.

우리 반 연극 배역을 정할 때도 마찬가지란다. 반장은 공정함을 잃고 친구들 의견에 휩쓸려 버렸던 거지. 누군가의 친구이기 전에 반을 대표하여 학급의 일을 맡은 위치에 있는 만큼 학급 친구들의 의견을 듣고 화합하는 모습을 보였다면 어땠을까.

혜은이도 아닌 걸 알고 있지만 친구와의 의리로 어쩔 수 없는 선택이었을 거야. 하지만 나의 일과 전체의 일이 부딪힐 땐 논어 속 지혜를 생각하면 좀 더 분명하게 해결할 수 있단다. 내 기준과 중심을 잃지 않고 화합하는 태도 말이야."

부모 처방전

리더를 권력으로 생각하는 아이

가끔 리더의 자리를 권력처럼 생각하는 아이들이 있어요. 권위적으로 행동하는 리더일수록 학급 아이들과 갈등이 생길 때가 많습니다.

그럴 때 아이들에게 중국에서 가장 태평한 시기인 요순시대 이야기를 들려줍니다. 요순시대를 가장 태평하다고 부르는 첫 번째 이유가 그 시대 백성들이 요임금과 순임금이 자신들의 왕인지조차도 몰랐다는 점에 있어요. 지위와 권세를 마음껏 휘두르는 게 아닌, 조용히 뒤에서 배려하고 도와주는 역할만 했으니까요. 지배자가 누군지도 모르는 평화로운 시대가 바로 요순시대인 거지요.

    논어에도 요임금과 순임금 이야기가 등장해요.

공자께서 말씀하셨다.
"아마도 아무것도 하지 않고 천하를 다스린 분은 순임금이실 것이다. 무엇을 하셨는가? 스스로 몸을 바르게 하여 남쪽을 향해 앉아 계셨을 따름이다."(〈위령공편〉 4장)

    천하를 다스리는 자리에서 자신을 다스리는 데 최선을 다한 두 임금. 논어 속 요임금과 순임금의 이야기를 통해 리더가 가져야 할 덕목을 아이와 함께 찾아볼까요? 끊임없이 스스로 노력하고 단정하고 차분한 모습, 그것이 리더의 가장 기본 모습일 거예요.

열정

최고가 되고 싶어요

좋아하는 이는 즐기는 이만 못하다
–〈옹야편〉 18장

축구에 열광하는 아이들. 10분 쉬는 시간에도 운동장으로 뛰어나갑니다. 공만 잡으면 골을 넣는 지훈이는 인기를 독차지해요. 우리 반 최고 인싸예요.

"저도 축구 좀 잘하고 싶어요. 아무리 영상을 봐도 실력이 안 늘어요. 도서관에서 축구 책도 빌렸는데, 그대로 연습해도 잘 안 돼요. 솔직히 이 정도 열심히 하면 지훈이보다 더 잘해야 하는 거 아니에요? 하늘도 너무해요."

답답함을 토로하는 민찬이입니다. 축구를 잘하고 싶은데 방법을 모르겠다며 찾아왔어요. 인싸가 되고 싶다고요. 지훈이처럼 축구를 잘해서 인기를 얻고 싶은데 도무지 실력이 안 는다며 속상해합니다. 지훈이가 축구를 잘하는 비결은 도대체 뭘까요.

"재밌어요. 5분도 안 한 것 같은데 경기가 끝나 있어요. 축구 그 자체가 즐거워요. 저는 그냥 해요."

그냥 축구를 하는 아이. 마치 명문대 수석 합격생의 공부가 가장 쉬웠다는 답변 같아요. 특별한 비결은 없어 보여요. 이론 공부도 따로 하지 않고요. 열심히 축구 공부하는 민찬이가 속상할 만도 하네요.

그런데 분명한 건 축구를 대하는 두 아이의 태도 차이예요. 민찬이에게 논어의 지혜를 들려줍니다.

"우리 민찬이 축구 공부를 열심히 해도 실력이 늘지 않아서 속상했구나. 논어에 이런 말이 있단다.

아는 이는 좋아하는 이만 못하고, 좋아하는 이는 즐기는 이만 못하다.

-〈옹야편〉 18장

공자는 앎의 단계를 '아는 것', '좋아하는 것', '즐기는 것'으로 보았단다. 아는 단계는 말 그대로야. 탐구하는 단계란다. '아는 만큼 보인다'는 말도 있지. 축구 이론을 많이 알수록 전

술이 눈에 보이는 것처럼 말이야.

알고 난 다음에는 어떨까? 더 알아갈지를 결정하게 돼. 좋아하는 마음이 생긴다면 말이야. 음악 시간에 리코더를 배우잖아. 소리가 좋아서 더 배우고 싶은 친구도 있을 거야. 좋아하는 단계로 넘어온 거야. 좋아하려면 먼저 아는 단계를 거쳐야 해.

그런데 좋아하는 것도 매일 하면 어떨까? 지겨울 때도 있겠지? 그만두고 싶을 거야. 이때 쉽게 그만두는 사람이 있단다. 그 자체가 아닌 다른 것을 위해서 할 때야. 축구로 생각해 볼까? 축구 그 자체가 아니라 상금을 위해서 또는 인기를 얻기 위해서 한다면 금방 그만두고 싶을 거야. 좋아하다가도 그만두겠지.

그런데 승부도 아니고, 남에게 잘 보이려는 것도 아니고 축구가 재미있어서 하는 사람은 어떨까? 그만두고 싶어도 그만둘 수 없는 경지가 되겠지. 즐기는 경지, 축구와 내가 하나가 되었을 때 도달할 수 있는 단계란다.

즐기는 건 앎의 최고 경지야. 아는 단계를 지나 좋아함을 넘어 즐기는 단계가 될 때 최고가 될 수 있는 거지.

게임을 엄청 많이 하다 보면 어느 순간 나만의 기술을 깨달을 때가 있지? 그때 기쁨을 느끼면서 게임을 더 즐기게 되잖아. 그게 희열인 거고. 즐기는 단계까지 온 거란다.

민찬이는 그동안 축구를 알아 오고 좋아했잖니? 이제는 승부나 인기보다는 축구 그 자체를 즐겨 보는 거야. 꾸준하게 즐기면서 축구를 해 보렴."

부모 처방전

매일 계속하게 하는 힘

사람의 행동을 이끄는 '동기'에는 외적 동기와 내적 동기가 있어요. 외적 동기는 말 그대로 외부에 있는 요인으로 상·벌·점수·돈 등이 있고요. 내적 동기는 사람의 내부에 있는 즐거움·호기심·흥미 등이에요.

아이들이 상을 받기 위해 공부하는 것은 외적인 동기에 의해 움직이는 거고요. 더 나은 사람이 되기 위해 공부하는 것은 내적 동기가 유발된 것으로 볼 수 있어요.

외적 동기라고 하면 지양해야 할 것으로 생각하기 쉬운데, 아이들의 행동을 변화시키려면 내적 동기, 외적 동기 모두를 활용해야 합니다. 칭찬 스티커를 받으려고 시작했던 공부가 어느새 공부에 재미를 느끼게 하고, 행동을 지속하게 하니까요. 외적 동기로 아이의 행동을 움직이고, 내적 동기로 아이의 행동을 지속하게 하는 것이지요.

매일 수학 문제집을 한 장씩 풀 때마다 게임 15분을 할 수 있는 아이. 게임을 좋아하는 아이에게 게임 15분은 훌륭한 외적 동기가 될 거예요. 게임 덕분에 수학 문제집을 펼칠 수 있게 되니까요. 이때 수학 문제를 풀이하는 과정에서 흥미를 유발한다면 어떨까요? 아이는 수학 공부의 즐거움을 알아가게 될 테지요. 논어 속 공자가 말씀하신 '즐기는 경지'가 찾아오는 거지요.

하지만 아이의 수준에 맞지 않는 문제이거나, 남들이 좋다고 하는 세상의 기준에 맞춘 수학 공부라면 아이는 오롯이 게임을 위해 공부를 하게 될 거예요. 더 이상 게임 15분을 주지 않는다면, 아이는 수학 공부를 스스로 할 수 있을까요?

아이가 공부에 즐거움을 느끼려면 공부하는 과정에서 성취감을 느끼는 것이 중요해요. 아이 성향과 수준에 맞게 공부의 내용과 양을 조절하여 학습 성취감을 높이는 거지요. 어느새 공자가 말하는 즐기는 경지에 도달해 있지 않을까요?

결단

생각도 다이어트가 필요해

두 번이면 충분하다
-〈공야장편〉 19장

운동회를 마친 뒤, 아이들은 기대 가득한 얼굴로 아이스크림을 기다리고 있었습니다. 그리고 아이스크림이 도착하자마자 너나 할 것 없이 뛰어들었어요. 각자 취향에 맞는 걸 고르겠다며 교실은 시끌벅적했어요. 아이들이 다 고르고 자리로 돌아간 끝에, 재훈이가 붉게 상기된 얼굴로 서 있었습니다. 아무래도 원하는 아이스크림을 고르지 못했나 봐요. 제일 먼저 나왔는데 이리저리 고민하느라 선택의 기회를 놓친 거예요. 시무룩하게 남은 하나를 집어야 했습니다.

"결정이 쉽지 않았구나."

"네, 다 좋아하는 맛이어서 계속 고민했어요."

아이스크림 선택에도 오랜 시간이 걸리는 재훈이의 생각은 수업 시간에도 어김없이 이어졌어요. 실험 수업할 때였지요. 재훈이 모둠만 실험 결론을 도출하지 못해서 아쉬운 채로 수업이 마무리됐습니다. 그런데 제출한 재훈이 활동지에는 결론이 정확히 쓰여 있었어요. 다음 날 재훈이에게 물었습니다.

"재훈아, 어제 실험 결과를 잘 도출했더라. 정말 훌륭했어. 그런데 모둠원들하고는 공유할 시간이 부족했던 거야?"

한참을 머뭇거린 끝에 어렵게 말을 꺼냈습니다.

"그건 아니고요. 혹시 제가 쓴 결과가 틀렸을까 봐 말하지 못했어요. 괜히 틀린 답 쓰면 친구들이 피해를 볼 수 있으니까요. 또 괜히 나선다고 생각할 수도 있고요. 계속 고민하다가 말할 타이밍을 놓쳐 버렸어요. 늦게 말하면 친구들이 싫어할 수도 있고요."

"그랬구나. 여러 생각을 했구나. 신중한 재훈이야."

"그런데 선생님, 생각만 하다가 말할 기회를 놓쳐 버려요. 생각을 많이 하는 건 좋은 거 아닌가요? 신중한 거잖아요. 그런데 매번 기회를 놓치고 남들보다 느려요. 너무 천천히 생각해서 그런가요? 빠르게 생각하는 연습을 해야 하나요?"

지난번 아이스크림 고를 때도, 이번 모둠 활동 의견 공유할 때도 생각하느라 행동을 하지 못한 재훈이는 많이 속상해했어요. 재훈이 고민을 어떻게 해결할 수 있을까요?

"우리 재훈이가 생각이 많아서 고민하고 있을 줄 몰랐네. 논어에 이런 말이 있단다.

두 번이면 충분하다.

―〈공야장편〉 19장

'두 번 생각하면 괜찮다'는 논어 구절이 어리둥절할 거야. 신중하지 말라는 건가 싶은 의문을 가질 수 있을 테지. 그런데 신중하지 말라는 구절은 아니란다. 신중함은 실수를 줄이는 데 꼭 필요한 덕목이니까. 돌다리도 두들겨 보고 건너라는 말도 있잖니.

이 구절은 공자 제자 계문자를 두고 한 말이야. 계문자는 너무 신중한 사람이었거든. 어느 정도였냐면, 무슨 일이든 세 번 생각한 뒤에 행동했어. 생각을 지나치게 많이 해서 오히려 일을 제대로 하지 못했던 거야. 실천력이 낮았던 거지. 계문자의 실행력을 높이기 위해 공자는 두 번이면 괜찮다고 조언하셨던 거야.

재훈이도 마찬가지였어. 생각이 너무 많아서 원하는 아이스크림을 선택하지 못했고, 모둠 활동에서 친구들에게 의견을 말하지 못했어. 생각을 많이 해서 행동으로 옮기는 데 주저함이 생겼던 거지. 실천력이나 행동력이 부족한 친구들은 공자의 조언대로 생각을 조금 줄이는 것도 방법이란다. 너무 많은 생각은 행동을 주저하게 하거든.

그렇다고 해서 생각하지 않고 행동해서는 안 된단다. 생각하지 않고 행동하는 건, 생각을 너무 많이 하는 것처럼 또 다른 문제를 불러올 수 있어. 경솔한 태도니까. 논어에 이런 말도 있단다.

지나친 것은 미치지 못하는 것과 같다.

-〈선진편〉 15장

지나친 생각을 하는 것도, 아예 생각을 하지 않는 것도 모두 경계해야 할 자세인 거야."

부모 처방전

생각을 행동으로 바꾸는 동사 습관의 힘

아이들에게 자율 학습 시간을 주었어요. 바로 시작하는 아이가 있는 반면에 무엇을 어떻게 해야 할지 몰라 망설이는 아이가 많앉습니다. 국어도 해야 할 것 같고, 영어도 해야 할 것 같고…. 끝내 고민만 하다가 시간을 그냥 흘려 보냈지요. 다음 시간에는 영어 단어 5개씩 암기하라고 했더니 고민 없이 공부에 몰두합니다.

생각이 많아 실천력이 부족한 아이들에게는 기대하는 행동을 구체적으로 제시해 주는 것도 하나의 방법입니다. 실천을 도와줄 구체적인 행동이 담긴 '실천 노트'를 만들어 보는 걸 추천해요.

건강을 위한 시간을 보내라고 하면 생각이 많은 아이들은 무엇을 어떻게 시작해야 할지 난감해합니다. 대신 건강을 위해 하루에 줄넘기 500개씩 뛰라고 하면 망설임 없이 실천해 내지요.

실천해야 하는 항목을 '하다', '먹다', '쓰다' 같은 동사 형태로 작성해 보는 겁니다. 하나씩 실천을 하면 성취감이 쌓여서 어떤 일이든 자신감이 붙을 거예요.

'친구와 사이좋게 지내려면 어떻게 하면 좋을까?'보다는 '친구에게 칭찬하는 말하기'와 같이 동사 형태의 실천 노트를 작성하고 확인하는 연습을 아이와 해 보시기를 추천합니다.

의리

어려울 때 곁에 있는 친구가 진짜다

**날씨가 추워진 뒤에라야
소나무와 잣나무가 뒤늦게 시듦을 안다**
–〈자한편〉 27장

"큰일 났어요. 유리창이 깨졌어요. 승진이 손에서 피가 나요. 선생님 빨리요."

쉬는 시간, 잠시 자리를 비운 사이 민예가 다급한 목소리로 나를 불렀습니다. 교실 창문이 깨져서 승진이가 다쳤다는 거예요. 다급히 뛰어가 보니 승진이는 보건실에서 응급 처치를 받고 있었습니다. 창문을 사이에 두고 장난을 치다가 창문이 깨지면서 손을 다친 거였어요.

"승진아, 괜찮아? 어쩐 일이야."

"선생님, 죄송해요. 창문에서 민준이랑 장난치다가 창문을

툭 쳐 버렸어요."

승진이를 병원으로 보내고 교실로 들어가니 현빈이 모습이 눈에 들어왔어요. 유리 파편을 빗자루로 쓸고 있었습니다.

"현빈아, 다치겠다. 선생님이 할 테니 빗자루 줄래?"

"아니에요, 선생님. 거의 다 했어요."

교실을 쓸고 있는 현빈이를 말리자, 손사래를 칩니다. 자신이 하겠다면서요. 그러고 보니 승진이를 보건실로 데려간 것도 현빈이였어요. 뿐만 아니었습니다. 승진이가 손에 깁스하는 동안 현빈이는 승진이의 손이 되어 주었어요. 승진이는 그 어느 때보다 깊은 우정을 느꼈을 테지요. 무엇보다 두 아이는 둘도 없는 절친이 되었습니다.

"승진이가 다쳤을 때 눈에 띄는 친구가 있었지? 다들 선생님과 같은 마음일 거야. 현빈이. 현빈이 모습을 보면서 떠오르는 논어 구절이 있단다.

날씨가 추워진 뒤에라야 소나무와 잣나무가 뒤늦게 시든다는 것을 알게 된다.

-〈자한편〉 27장

군자와 소인은 세상이 평화로울 때는 태도에 차이가 드러나지 않아. 그런데 세상이 어지러울 때 그 차이가 분명히 보인단다. 군자만이 지조와 절개를 지키거든.

공자는 이런 사람의 모습을 소나무와 잣나무에 비유했어. 소나무와 잣나무에는 어떤 특징이 있을까. 사계절 내내 푸름을 자랑하지. 그래서인지 봄, 여름, 가을에는 존재감을 드러내기가 어렵단다. 봄이면 예쁜 꽃에, 여름이면 잎이 무성한 나무에, 가을이면 알록달록 단풍에 소나무와 잣나무의 존재감은 가려져. 추운 겨울에서야 소나무와 잣나무가 보이기 시작해. 앙상한 나무들 사이에서 변함없이 푸른 그 모습이 눈에 띄는 거지.

사람도 마찬가지란다. 내가 잘 나갈 땐 어떨까. 많은 사람이 내 곁에 남으려고 할 거야. 아무래도 나에게 도움받을 수 있는 게 많을 테니까. 그런데 내가 어려운 상황이 되면 따르던 사람들이 떠나가 버리기도 한단다. 어려울 때 함께하기는 쉽지 않기 때문이지. 그때야 비로소 변함없이 내 곁에 남아 있는 사람이 보일 거야. 추운 뒤에라야 눈에 보이는 소나무와 잣나무처럼 말이야.

추사 김정희 선생님은 이 구절에 감명받으시고는 자신의 작품에 이 구절로 이름을 붙이셨단다. 유명한 '세한도(歲寒圖)'가 여기서 나왔어.

선생님이 유배 생활하실 때였지. 어려움에 놓이자 따르던 사람들이 외면했어. 그때 한결같이 곁을 지켜 준 친구 이상적이라는 분이 계셨던 거야. 힘든 상황에 놓인 선생님을 위해 자신의 것을 기꺼이 내어 주셨어. 추사 선생님은 그때 그 친구분이 보이기 시작하셨던 거야. 겨울이 되어서야 소나무, 잣나무가 보이듯 어려운 처지가 되어서야 친구 이상적이 보였던 거지.

선생님은 친구에 대한 고마움을 그림으로 그려서 '세한도'라고 이름 붙였단다. 논어 〈자한편〉 27장 첫 구절이 '날씨가 춥다'라는 한자 '세한'으로 시작하거든.

다친 승진이를 모른 척하지 않고 어려움에 처한 친구를 도와주는 현빈이 모습이 마치 소나무와 잣나무 같아. 추사 선생님의 이야기처럼 힘들 때 함께해 준 친구는 절대 잊지 못한단다.

너희는 친구에게 어떤 모습이니? 힘들어하는 친구에게 나는 어떤 친구일까."

부모 처방전

친구의 눈물을 닦아 주는 아이는 외롭지 않다

'인생 친구', '진짜 친구'는 어려울 때 함께하는 사이에 생기더라고요. 어렵고 힘든 친구를 도울 수 있는 마음씨를 길러 주세요. 다른 사람이 어려울 때 손 내밀어 줄 수 있는 아이는 자신이 어려울 때 혼자가 아니더라고요.

추사 선생님의 일화처럼 변치 않은 우정을 위해서는 친구의 마음을 헤아리고 공감하는 마음이 우선되어야 합니다. 친구의 입장에서 생각하는 연습이 필요하지요. 논어 속 공자도 "내가 원하지 않는 것은 남에게도 원하지 않는다"라고 했어요.

아이들에게 역지사지 자세를 통해 공감 능력을 길러 주세요. 울고 있는 친구의 눈물을 닦아 줄 수 있는 마음씨를 기를 수 있도록 해 주세요.

양심

보이지 않을 때
비로소 진짜가 보인다

잘못을 살펴보면 그 사람이 어진 사람인지 알 수 있다
-〈이인편〉 7장

"사람이 없으면 그냥 무단 횡단해도 괜찮아요."

규칙 준수를 주제로 토론 수업이 있던 날이었습니다. 규칙은 반드시 지켜야 한다는 의견에 아이들 모두 찬성했지요. 그런데 가만히 듣고 있던 찬민이가 반론을 제기했어요. 당황한 토론 진행자는 이유를 물었습니다.

"왜 그렇게 생각하시나요? 반론에 대한 이유를 말씀해 주세요."

"어제 학교 앞 횡단보도를 건너려던 순간, 신호등 불이 빨간색으로 바뀌었어요. 순간 갈등했어요. 2분 안에 들어가지 않으면 지각이었거든요. 하지만 규칙을 지켜야 한다고 생각되어서 다음 신호를 기다렸죠. 그런데 6학년 형이 익숙한 듯 그냥 건너가 버렸어요. 기다리면 지각한다면서요. 결국 저는 지각했고요. 그 형은 아마 안 했을 거예요. 규칙을 지키는 나만 바보라는 생각이 들었어요. 사람이 안 볼 때는 어겨도 괜찮다고 봅니다."

어제 찬민이가 2분 정도 지각했거든요. 숨 가쁘게 교실로 들어왔는데 단단히 화가 난 듯했어요. 오늘 이야기를 들어 보니 어제의 상황이 그려졌습니다. 규칙을 지켰던 스스로가 바보처럼 느껴졌던 모양입니다. 보는 사람도 지나가는 차도 없었으니 그냥 건넜다 해도 아무도 몰랐을 테니까요. 그런데 찬민이 말처럼 남들이 보지 않으면 규칙을 어겨도 되는 걸까요? 아이에게 논어의 지혜를 들려줍니다.

"누군가가 볼 때와 보지 않을 때 충분히 말과 행동이 달라질 수 있단다. 선생님도 집에서는 학교에서보다 흐트러진 모습을 보이기 쉽거든. 그런데 보일 때와 보이지 않을 때 그 사람이 하는 행동을 들여다보면 그 사람을 알 수 있단다.

남들이 볼 때만 쓰레기를 줍는 척할 수 있고, 보지 않을 때는 쓰레기를 함부로 버릴 수도 있을 거야. 그래서 공자는 사람이 저지른 잘못으로 그 사람을 알 수 있다고 했어. 그 사람이 저지른 잘못으로 어진 사람인지 아닌지를 판단했어. 논어에 이런 말이 있단다.

사람의 잘못은 그 사람이 어떤 사람인지에 따라 다르다. 잘못을 살펴보면 그 사람이 어진 사람인지 알 수 있다.

-〈이인편〉 7장

우리 반 찬민이 일처럼 누군가가 보지 않을 때 잘못을 저지르는 경우가 있단다. 하지만 논어 속 공자 그리고 우리 선조들은 혼자 있을 때 더욱 자신의 행동을 삼가려고 했어.

《대학》과 《중용》이라는 책에 '신독(愼獨)'이라는 말이 있단다. 혼자 있을 때 삼간다는 뜻이야. 겉으로 드러나지 않아도 양심을 지키는 태도를 말하지. 듣는 이가 없다며 남의 말을 함부로 하지 않고, 보는 이가 없다며 나쁜 행동을 하지 않는 도덕적인 삶의 자세란다. 스스로의 양심이 움직일 때 가능한 일이야.

보는 사람이 없었지만 횡단보도 앞에서 발을 멈추게 한 건 찬민이의 양심이었던 거지. 양심이 규칙을 어기면 잘못된 거라고 알려 주었던 거야."

부모 처방전

익명성에 기대어 해이해진 책임 의식 길러 주기

아이들 사이에서 SNS로 인한 갈등과 학교 폭력이 자주 불거지고 있어요. 자유로운 소통을 위한 익명성이 오히려 부정적인 결과를 낳게 된 겁니다. 익명성은 책임 의식을 해이하게 해요. 남들 눈에 보이지 않기에 자칫 나의 말과 행동이 가벼워질 수 있으니까요. 국어, 수학 교육보다 양심을 배우는 도덕 교육이 우선되어야 하는 이유이지요.

아이들에게 양심의 자세를 가르쳐 주세요. 동양 고전 《대학》과 《중용》은 '홀로[獨: 독] 있을 때 더욱 삼간다[愼: 신]'는 '신독'의 태도를 가르치고 있어요. 남들이 보지 않을 때 해이해지기 쉬운 마음을 다스리는 수양의 태도이지요.

아이와의 식사 시간, 양심을 실천한 행동 한 가지를 함께 이야기해 보는 시간을 가져 보세요. 또 실천했을 때 어떤 마음이었는지도 말할 수 있도록 해 주세요. 양심에 따라 행동한 기쁨이 얼마나 큰지를 깨달을 수 있도록 말이에요.

배움

배움은 실천으로 완성된다

자로는 아직 실행하지 못했을 때는
다른 가르침 듣기를 두려워하였다
-〈공야장편〉 13장

수학 수행 평가 기간, 정민이의 한숨이 깊어요. 수학 학원을 새로 등록했는데 올해만 벌써 세 번째 학원이라고 합니다. 공부 잘하는 아이들이 다닌다는 곳을 다녀 보아도 성적이 쉽게 오르진 않았어요. 성적도 성적이지만 새로운 학원에서 새 친구를 사귈 걱정으로도 심란한가 봅니다. 공부해도 성적이 오르지 않으니 억울함마저 드는 정민이에요.

"학원에서 종일 공부해도 소용없어요."

"종일 공부하면 힘들겠다. 학원에서 몇 시에 마치니?"

"학교 마치면 태권도 학원에 가고요. 태권도를 마치면 영어 학원, 수학 학원, 국어 학원에 번갈아 가면서 가요. 집에 오면 저녁 10시 정도예요."

"그렇구나. 늦은 시각까지 열심히 하는구나. 그러면 따로 집에서 공부를 더 하지는 않니?"

"학원에서 충분히 수업 듣는 걸요. 그리고 집에 오면 자기 바빠요."

저녁 늦게까지 공부하는 만큼 성적이 오르지 않는 정민이가 안타까웠어요. 그런데 정민이 혼자서 공부하는 시간이 전혀 없는 거예요. 종일 수업 듣는 것으로 하루를 보내고 있는 거지요.

정민이 공부에는 어떤 과정이 부족한 걸까요? 아이에게 논어 속 배움 이야기를 들려줍니다.

"공자는 배움에서 실천을 가장 중요하게 생각했어. 논어에는 실천에 적극적인 제자 모습을 칭찬하는 말씀도 있단다. 용맹함으로 이름난 제자 자로에게 때로는 용맹함만을 앞세워 무모하게 나서지 말라며 혼내기도 했지만, '배운 것을 바로 실천해야 하는가'라는 자로의 물음에는 망설임 없이 그렇다고 말할 정도로 공자는 실천을 중요하게 생각했어.

배움은 실천 없이는 완성될 수 없단다. 논어 제일 첫 구절에 나오는 '학습'이라는 단어만 봐도 알 수 있어. '학(學)'은 말 그대로 '배운다'는 뜻이야. 학교나 학원에서 강의를 듣는 과정이 여기에 해당한단다. '습(習)'은 반복하며 연습한다는 의미를 담고 있는 글자이지. 학습은 강의를 듣는 것으로 끝나는 것이 아니라 배운 내용을 수없이 반복하며 연습하는 과정까지 거쳐야 함을 의미한단다.

논어에 비추어서 정민이 학습 과정을 살펴볼까. 학교나 학원에서 배우는 '학'의 단계는 있지만 배운 것을 반복해서 연습하고 실천하는 '습'의 단계가 빠졌던 반쪽짜리 공부였던 거야.

공자는 배움에서 실천을 아주 중요하게 생각했단다. 특히 제자 자로의 이런 모습을 칭찬도 하셨어. 자로는 용맹함으로 이름난 사람이었거든. 배운 것을 실천하는 용맹함이 돋보였단다. 논어에 이런 구절이 있어.

자로는 들은 것은 있는데, 아직 그것을 실행하지 못했을 때는 다른 가르침 듣기를 두려워하였다.

-〈공야장편〉 13장

'습'의 단계를 철저하게 지키려고 했던 자로는 공자에게 큰 칭찬도 받았단다.

선생님께서 말씀하셨다. "자로는 학문의 경지가 대청에 올라섰다."

-〈선진편〉 14장

아무리 명강의를 하는 학교나 학원에 간다고 한들 배운 내용을 복습하거나 실천하는 과정이 없다면 앞으로 나아갈 수 없단다. 어미 새에게 나는 법을 배운 새끼 새가 수백 번의 날갯짓을 통해 하늘을 비상하듯 연습과 실천 과정은 아주 중요해."

부모 처방전

스스로 공부하는 힘, 메타 인지로 키워 주세요

혼자 공부하는 시간이 없는 아이에게는 어떤 문제가 생길까요? 수업에만 의존하는 아이들은 자신의 학습 과정을 돌아보는 시간이 부족해집니다.

'메타 인지 학습법'이 인기입니다. 내가 무엇을 알고, 무엇을 모르는지 아는 능력이 메타 인지 능력이에요. 내가 부족한 게 무엇인지를 돌아볼 줄 안다면, 부족한 부분을 보완할 수 있는 기회가 생기지요. 그만큼 메타 인지가 뛰어나면 학습 효율이 뛰어날 거예요.

메타 인지를 기를 수 있도록 스스로 질문하는 습관을 들일 수 있도록 해 주세요.

1. 나는 어떤 부분을 알고, 어떤 부분을 모르는가?
2. 이 내용은 내가 아는 어떤 것과 연관이 있는가?

  저는 학습 플래너에 이 질문에 대한 답변을 매일 작성하도록 하고 있습니다. 학습 플래너를 쓰면서 자신의 공부 습관을 점검하고 위 질문에 일기 형식으로 답을 쓸 수 있도록 해요. 일주일에 한 번 이상 주기적으로 쓰다 보면 어느새 기록하지 않아도 자신의 공부 과정을 점검하는 습관이 붙을 거예요.

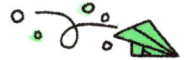

학문

꿈과 관련 없는 교과를 왜 배워요?

나는 열다섯 살에 배움에 뜻을 두었다
-〈위정편〉 4장

며칠 전 실시한 수학 활동지 수행 평가를 채점했어요. 노력하면 충분히 작성할 수 있는 내용인데 미혜의 활동지는 모두 빈칸이었습니다. 무슨 일이 있었나 싶어 미혜에게 물었어요.

"미혜야, 이번 수학이 어려웠니? 작성하지 않았더구나."

"저는 수학 안 해도 괜찮아요. 디자이너 될 거라서요. 미술만 열심히 해도 되지 않나요? 국어, 영어, 수학 같은 과목을 왜 배우는지 모르겠어요. 시간 낭비예요."

수학을 왜 배우는지 모르겠다는 미혜. 디자이너가 되려는 아이에게 수학이 쓸모없이 느껴지는 건 당연할 수도 있습니다. 그런데 정말 수학이 쓸모없는 걸까요?

"맞아. 그렇게 느낄 수 있을 거야. 선생님도 가수가 되고 싶었을 때 노래만 잘하면 되는 줄 알았거든. 그런데 학교에서 배우는 모든 학문이 일상에서 다 쓰이더라고. 디자이너를 꿈꾸니까, 그림 도구를 살 때가 있을 거야. 때마침 할인 행사를 진행하네. 많이 살수록 할인율이 높아진대. 가진 돈에서 몇 개를 사야 할지 따져 봐야겠지. 수학이 필요한 순간이야. 옷, 가방, 건물, 앱 디자인까지 예쁘고 안정감이 있는 건 물건이나 건물이 균형 있게 잘 설계된 덕분이야. 디자이너는 '황금 비율' 같은 수학 원리를 활용해서 가장 좋은 모양을 찾아내. 수학이 디자인을 빛나게 하는 거지. 그림을 아무리 잘 그려도 몸이 약하면 어떨까. 실력을 제대로 발휘할 수가 없을 거야. 체력이 중요한 이유지. 체육 교과를 배워야 하는 이유란다. 누군가가 미혜가 창작한 디자인을 베껴서 자기 것이라며 우기면 어떨까. 너무 화가 날 거야. 양심을 저버린 행동이니까. 양심을 기르는 교육이 필요하단다. 도덕 시간을 통해 바람직하게 살기 위한 가치를 배워야 해.

멋진 디자이너가 되기 위해서는 꼭 미술만 필요한 게 아니란다. 많은 교과를 배우면서 더 멋진 내가 되기도 하고, 또 꿈을 수정하기도 한단다. 학교 공부를 소홀히 해서는 안 되는 이유야. 공자도 배움에 뜻을 두셨단다. 많이 듣고 많이 보려고 노력하셨어.

나는 열다섯 살에 배움에 뜻을 두었다.

-〈위정편〉4장

 공자가 10대인 너희들에게 던지는 마지막 메시지야. 공자는 너희들 나이 때 배움에 목표를 두셨단다. 많이 배우고 복습해서 나만의 가치관을 세우려고 노력하셨어. 흔들리지 않을 나만의 꿈을 갖기 위해 말이야. 흔들리지 않으려면 중심이 바로 서야 한단다. 여러 학문을 배우다 보면 나와 맞는 무언가를 발견할 수 있어. 그것이 내 중심이 되는 거야."

부모 처방전

논어 속 나이 이야기

공자께서 말씀하셨다.
"나는 15세가 되어서 배움에 뜻을 두었고
30세에 뜻을 바로 세울 수 있었고
40세에 미혹됨이 없었고

50세에 하늘의 명을 알게 되었고
60세에 귀로 들으면 순하게 모두 이해되었고
70세에는 마음이 하고자 하는 것을 따라도 법도에 어긋남이 없었다."(〈위정편〉 4장)

나이에 따른 공자의 모습입니다. 마음대로 행동해도 법도에 어긋남이 없는 70세가 되는 첫걸음이 바로 15세 때의 배움이에요. 공자는 15세에 배움에 뜻을 두었어요. 여러 학문을 두루 배워서 세상의 이치를 알아 갔어요. 그 덕분에 30세에 자립할 수 있었을 테고요.

간혹 아이들이 묻습니다. 공부는 왜 하냐고요. 스스로 바로 서기 위함이지요. 배움을 게을리해서는 자립할 수 없기 때문이에요. 나만의 뜻을 세우려면 먼저 세상의 이치를 알아야 해요. 세상은 아는 만큼 보이는 법이니까요.

부록

이 책에 인용한
논어와 원문 모음

1장

군자는 근본에 힘쓰는 것이니, 근본이 확립되면 '인(仁)'의 도리가 생겨난다. 효도와 우애는 인을 실천하는 근본이니라.
君子務本 本立而道生 孝弟也者 其爲仁之本與
(군자무본 본립이도생 효제야자 기위인지본여)
-〈학이편(學而篇)〉 2장

대군의 장수를 빼앗을 수는 있어도 평범한 한 사람의 뜻을 빼앗을 수는 없다.
三軍可奪帥也 匹夫不可奪志也
(삼군가탈수야 필부불가탈지야)
-〈자한편(子罕篇)〉 25장

절제 있는 생활을 하면서 잘못되는 경우는 드물다.
以約失之者鮮矣 (이약실지자선의)
-〈이인편(里仁篇)〉 23장

부유함을 구해서 얻을 수 있는 거라면 말채찍을 잡는 천한 일이라도 하겠다. 하지만 구하여도 될 수 없는 거라면 내가 좋아하는 것을 따르겠다.
富而可求也 雖執鞭之士 吾亦爲之 如不可求 從吾所好
(부이가구야 수집편지사 오역위지 여부가구 종오소호)
-〈술이편(述而篇)〉 11장

누가 미생고를 정직하다고 하는가? 어떤 사람이 식초를 얻으러 갔을 때 이웃집에서 빌려다 주는 사람인데.
孰謂微生高直 或乞醯焉 乞諸其鄰而與之
(숙위미생고직 혹걸혜언 걸저기린이여지)
-〈공야장편(公冶長篇)〉 23장

군자는 한마디의 말로 지혜롭다고 여겨지기도 하고, 한마디의 말로 지혜롭지 않다고 여겨지기도 한다. 말은 신중하게 하지 않으면 안 된다.
君子一言以爲知 一言以爲不知 言不可不愼也
(군자일언이위지 일언이위부지 언불가불신야)
-〈안연편(顔淵篇)〉 3장

군자는 자신에게서 찾고, 소인은 남에게서 찾는다.
君子求諸己 小人求諸人 (군자구저기 소인구저인)
-〈위령공편(衛靈公篇)〉 20장

썩은 나무로는 조각할 수 없고, 거름흙으로 쌓은 담장은 흙손질할 수가 없다. 내가 재여를 더 꾸짖을 것이 있겠는가.
朽木不可雕也 糞土之牆不可杇也 於予與何誅
(후목불가조야 분토지장불가오야 어여여하주)
-〈공야장편(公冶長篇)〉 9장

군자는 의로움에 밝고, 소인은 이익에 밝다.
君子喩於義 小人喩於利 (군자유어의 소인유어리)
-〈이인편(里仁篇)〉 16장

군자의 잘못은 일식이나 월식과 같다. 잘못을 저지르면 모든 사람의 눈에 띄고, 그 잘못을 고치면 모든 사람이 우러러보게 된다.
君子之過也 如日月之食焉 過也 人皆見之 更也 人皆仰之
(군자지과야 여일월지식언 과야 인개견지 경야 인개앙지)
-〈자장편(子張篇)〉 21장

부모는 오직 자식이 병들까 봐 걱정한다.
父母唯其疾之憂 (부모유기질지우)
-〈위정편(爲政篇)〉 6장

자하가 효도에 대해 묻자, 공자께서 말씀하셨다.
"얼굴빛을 밝게 하는 것이 어렵다."
子夏問孝 子曰 色難 (자하문효 자왈 색난)
-〈위정편(爲政篇)〉 8장

부모를 섬길 때, 잘못이 있으면 부드럽게 말씀드리되, 부모가 따르지 않으면 더욱 공경하고 거역하지 말며, 노고를 감내하되 불평하지 않아야 한다.
事父母幾諫 見志不從 又敬不違 勞而不怨
(사부모기간 견지부종 우경불위 노이불원)
-〈이인편(里仁篇)〉18장

부모가 살아계실 때는 멀리 떠나지 말아야 하며, 만약 여행을 가야 한다면 꼭 어디로 가는지 알려야 한다.
父母在 不遠遊 遊必有方 (부모재 불원유 유필유방)
-〈이인편(里仁篇)〉19장

공자께서 말씀하셨다.
"부모님의 연세를 잊어서는 안 된다. 한편으로는 오래 사시니 기쁘지만, 한편으로는 점점 연로해지시니 두렵다."
父母之年 不可不知也 一則以喜 一則以懼
(부모지년 불가부지야 일즉이희 일즉이구)
-〈이인편(里仁篇)〉21장

2장

모든 기술자는 작업장에서 열심히 일함으로써 자기 일을 성취한다.
百工居肆以成其事 (백공거사이성기사)
-〈자장편(子張篇)〉7장

공자께서 제나라에서 전설 속 순임금의 음악을 배우시는 석 달 동안 고기 맛도 잊은 채 말씀하셨다.
"음악이 이런 경지에 이를 수 있으리라고는 생각지 못했구나!"
子在齊聞韶 三月不知肉味 曰 不圖爲樂之至於斯也
(자재제문소 삼월부지육미 왈 부도위악지지어사야)
-〈술이편(述而篇)〉13장

배우고 때때로 익히면 즐겁지 않은가?
學而時習之 不亦說乎(학이시습지 불역열호)
-〈학이편(學而篇)〉1장

내가 안회와 하루 종일 말을 나누었는데도, 내 말을 반박하지 않아 어리석은 줄 알았다. 그런데 그가 물러간 뒤에 그의 평소 생활을 살펴보니, 역시 내가 말한 이치를 충분히 실천하고 있었다. 그러니 안회는 어리석지 않구나.
吾與回言終日 不違 如愚 退而省其私 亦足以發 回也不愚
(오여회언종일 불위 여우 퇴이성기사 역족이발 회야불우)
-〈위정편(爲政篇)〉9장

안회는 그 마음이 3개월 동안 인(仁)에서 떠나지 않았으나, 그 나머지 사람들은 하루나 한 달 정도 거기에 이를 뿐이다.
回也其心三月不違仁 其餘則日月至焉而已矣
(회야기심삼월불위인 기여즉일월지언이이의)
-〈옹야편(雍也篇)〉5장

안회라는 제자가 배우기 좋아해 노여움을 다른 사람에게 옮기지 않고, 잘못을 두 번 저지르지 않았는데, 불행히도 명이 짧아 죽었다. 지금은 그런 사람이 없다. 배우기를 좋아하는 사람이 있다는 얘기를 들어보지 못했다.

有顔回者好學 不遷怒 不貳過 不幸短命死矣 今也則亡 未聞好學者也

(유안회자호학 불천노 불이과 불행단명사의 금야즉무 미문호학자야)

-〈옹야편(雍也篇)〉 2장

옛날의 학자는 자기 수양을 위해서 공부했는데 오늘날의 학자는 남의 이목 때문에 공부한다.

古之學者爲己 今之學者爲人 (고지학자위기 금지학자위인)

-〈헌문편(憲問篇)〉 24장

모르는 것을 모른다 하고, 아는 것을 안다고 하는 것이 앎이다.

知之爲知之 不知爲不知 是知也

(지지위지지 부지위부지 시지야)

-〈위정편(爲政篇)〉 17장

3장

자유가 말하였다.

"자하의 제자들이 물 뿌리고 청소하며 손님을 응대하는 일, 나아가고 물러가는 예절 등을 잘하는데 그런 건 말단의 일이다. 공부의 근본이 되는 것은 아무것도 하는 게 없는데 어쩌려고 그러는가?"

자하가 듣고서 말했다.
"자유의 말이 지나치구나. 군자의 도가 어느 것을 먼저라 하여 전수하고 어느 것을 뒤로 미루어 게을리하겠는가?"
子游曰 子夏之門人 小子 當灑掃 應對進退 則可矣 抑末也本之則無 如之何 / 子夏聞之曰 噫 言游過矣 君子之道 孰先傳焉 孰後倦焉 譬諸草木 區以別矣 君子之道 焉可誣也 有始有卒者 其惟聖人乎
(자유왈 자하지문인 소자 당쇄소 응대진퇴 즉가의 억말야 본지즉무 여지하 / 자하문지왈 희 언유과의 군자지도 숙선전언 숙후권언 비저초목 구이별의 군자지도 언가무야 유시유졸자 기유성인호)
-〈자장편(子張篇)〉 12장

집에 들어가서는 부모님께 효도하고 나가서는 어른들을 공경하며 말과 행동을 조심하고 신의를 지키며, 널리 사람을 사랑하되 어진 사람과 가까이 지내야 한다. 이렇게 하고 남은 힘이 있으면 그 힘으로 글을 배우는 것이다.
入則孝 出則悌 謹而信 汎愛衆 而親仁 行有餘力 則以學文
(입즉효 출즉제 근이신 범애중 이친인 행유여력 즉이학문)
-〈학이편(學而篇)〉 6장

나는 태어나면서부터 안 사람이 아니라, 옛것을 좋아하여 부지런히 찾아 배운 사람이다.
我非生而知之者 好古 敏以求之者也
(아비생이지지자 호고 민이구지자야)
-〈술이편(述而篇)〉 19장

산을 쌓다가 한 그릇의 흙이 모자랄 때 그만두었다 하더라도 내가 그만둔 것이다. 땅을 평평하게 하려고 한 그릇의 흙을 부었더라도 내가 전진시킨 것이다.
譬如爲山 未成一簣 止 吾止也 譬如平地 雖覆一簣 進 吾往也
(비여위산 미성일궤 지 오지야 비여평지 수복일궤 진 오왕야)
-〈자한편(子罕篇)〉 18장

한 사람의 행위를 보고 그 동기를 살피고, 그것을 만족해하는지 관찰해 보라. 그렇게 관찰한다면 어떤 사람인지 숨길 수 없을 것이다.
視其所以 觀其所由 察其所安 人焉廋哉 人焉廋哉
(시기소이 관기소유 찰기소안 인언수재 인언수재)
-〈위정편(爲政篇)〉 10장

군자는 말은 어눌하게, 실천은 민첩하게 하고자 한다.
君子欲訥於言而敏於行 (군자욕눌어언이민어행)
-〈이인편(里仁篇)〉 24장

검은 옷을 입을 때는 검은 염소 가죽옷을 받쳐 입고, 흰 옷을 입을 때는 흰 새끼 사슴 가죽옷을 받쳐 입고, 노란 옷에는 노란 여우 가죽옷을 받쳐 입으셨다.
緇衣羔裘 素衣麑裘 黃衣狐裘
(치의고구 소의예구 황의호구)
-〈향당편(鄕黨篇)〉 6장

지위가 없음을 걱정하지 말고 그 자리에 설 수 있는 능력을 갖추기를 걱정해야 하며, 자기를 알아주지 않는 것을 걱정하지 말고 남이 알아줄 만하게 되도록 노력해야 한다.
不患無位 患所以立 不患莫己知 求爲可知也
(불환무위 환소이립 불환막기지 구위가지야)
-〈이인편(里仁篇)〉14장

많은 사람이 미워해도 반드시 살펴보아야 하며, 많은 사람이 좋아해도 반드시 잘 살펴보아야 한다.
衆惡之 必察焉 衆好之 必察焉
(중오지 필찰언 중호지 필찰언)
-〈위령공편(衛靈公篇)〉27장

공자 제자 자공이 물었다.
"평생 실천할 만한 한 가지는 무엇입니까?"
"서(恕)'일 것이다. (자기가 바라지 않는 것을 남에게 행하지 말라)"
子貢問曰 有一言而可以終身行之者乎 子曰 其恕乎 己所不欲 勿施於人
(자공문왈 유일언이가이종신행지자호 자왈 기서호 기소불욕 물시어인)
-〈위령공편(衛靈公篇)〉23장

사람이 신뢰가 없으면 그의 쓸모를 알지 못하겠다. 큰 수레에 수레와 소를 맬 수 있는 이음새가 없고, 작은 수레와 말을 걸 수 있는 멍에가 없으면 어떻게 길을 갈 수 있겠는가.
人而無信 不知其可也 大車無輗 小車無軏 其何以行之哉
(인이무신 부지기가야 대거무예 소거무월 기하이행지재)

-〈위정편(爲政篇)〉 22장

자신이 바라지 않는 것을 남에게 행하지 말라.
己所不欲 勿施於人 (기소불욕 물시어인)
-〈안연편(顔淵篇)〉 2장/〈위령공편(衛靈公篇)〉 23장

군자는 다투는 일이 없지만 한 가지 있다면 그것은 활쏘기다. 절하고 사양하며 활 쏘는 자리에 오르고, 내려와서는 벌주를 마시니 그 다투는 모습도 군자답다.
君子無所爭 必也射乎 揖讓而升 下而飮 其爭也 君子
(군자무소쟁 필야사호 읍양이승 하이음 기쟁야 군자)
-〈팔일편(八佾篇)〉 7장

옛것을 익히고 연구해서 새것을 안다면 스승이 될 수 있다.
溫故而知新 可以爲師矣 (온고이지신 가이위사의)
-〈위정편(爲政篇)〉 11장

주나라는 하나라와 은나라 두 왕조를 본떴으되 문물제도가 찬란하구나. 나는 주나라를 따르겠다.
周監於二代 郁郁乎文哉 吾從周
(주감어이대 욱욱호문재 오종주)
-〈팔일편(八佾篇)〉 14장

선비가 위태로운 일을 보면 목숨을 바치고, 이득될 일을 보면 의로운 일인가를 생각한다.

士見危致命 見得思義 (사견위치명 견득사의)
-〈자장편(子張篇)〉1장

4장

덕이 있는 사람은 외롭지 않으니 반드시 이웃이 있다.
德不孤 必有鄰 (덕불고 필유린)
-〈이인편(里仁篇)〉25장

어진 사람은 자기가 서고 싶으면 남을 세워주고, 자기가 달성하고 싶으면 남을 달성하게 한다.
己欲立而立人 己欲達而達人 (기욕립이립인 기욕달이달인)
-〈옹야편(雍也篇)〉28장

다른 사람이 나를 알아주지 않음을 걱정할 것이 아니라, 내가 다른 사람을 알아보지 못할까 걱정해야 한다.
不患人之不己知 患不知人也 (불환인지불기지 환부지인야)
-〈학이편(學而篇)〉16장

그 지위에 있지 않으면 그에 대해서 논하지 않는다.
不在其位 不謀其政 (부재기위 불모기정)
-〈태백편(泰伯篇)〉14장

군자는 화합을 이루되 같아지지는 않고, 소인은 함께하지만 화합을 이루지는 못한다.

君子和而不同 小人同而不和(군자화이부동 소인동이불화)
-〈자로편(子路篇)〉23장

공자께서 말씀하셨다. "아마도 아무것도 하지 않고 천하를 다스린 분은 순 임금이실 것이다. 무엇을 하셨는가? 스스로 몸을 바르게 하여 남쪽을 향해 앉아 계셨을 따름이다."
無爲而治者 其舜也與 夫何爲哉 恭己正南面而已矣
(무위이치자 기순야여 부하위재 공기정남면이이의)
-〈위령공편(衛靈公篇)〉4장

아는 이는 좋아하는 이만 못하고, 좋아하는 이는 즐기는 이만 못하다.
知之者不如好之者 好之者不如樂之者
(지지자불여호지자 호지자불여락지자)
-〈옹야편(雍也篇)〉18장

(계문자가 세 번 생각한 뒤에 행동했다. 공자께서 이를 들으시고 말씀하셨다.) "두 번이면 충분하다."
季文子三思而後行 子聞之 曰 再斯可矣
(계문자삼사이후행 자문지 왈 재사가의)
-〈공야장편(公冶長篇)〉19장

지나친 것은 미치지 못하는 것과 같다.
過猶不及(과유불급)
-〈선진편(先進篇)〉15장

날씨가 추워진 뒤에라야 소나무와 잣나무가 뒤늦게 시든다는 것을 알게 된다.
歲寒然後 知松柏之後彫也(세한연후 지송백지후조야)
-〈자한편(子罕篇)〉 27장

사람의 잘못은 그 사람이 어떤 사람인지에 따라 다르다. 잘못을 살펴보면 그 사람이 어진[仁] 사람인지 알 수 있다.
人之過也 各於其黨 觀過 斯知仁矣
(인지과야 각어기당 관과 사지인의)
-〈이인편(里仁篇)〉 7장

자로는 들은 것은 있는데, 아직 그것을 실행하지 못했을 때는 다른 가르침 듣기를 두려워하였다.
子路有聞 未之能行 唯恐有聞(자로유문 미지능행 유공유문)
-〈공야장편(公冶長篇)〉 13장

선생님께서 말씀하셨다. "자로는 학문의 경지가 대청에 올라섰다."
子曰 由也升堂矣(자왈 유야승당의)
-〈선진편(先進篇)〉 14장

나는 열다섯 살에 배움에 뜻을 두었다.
吾十有五而志于學(오십유오이지우학)
-〈위정편(爲政篇)〉 4장